考えない台所

料理家
高木ゑみ

考えない台所って何でしょう?

献立を決めるとき、
「何にしようかなあ……」と考える。
冷蔵庫から取り出すとき、
「あれはどこに置いたかなあ……」と考える。

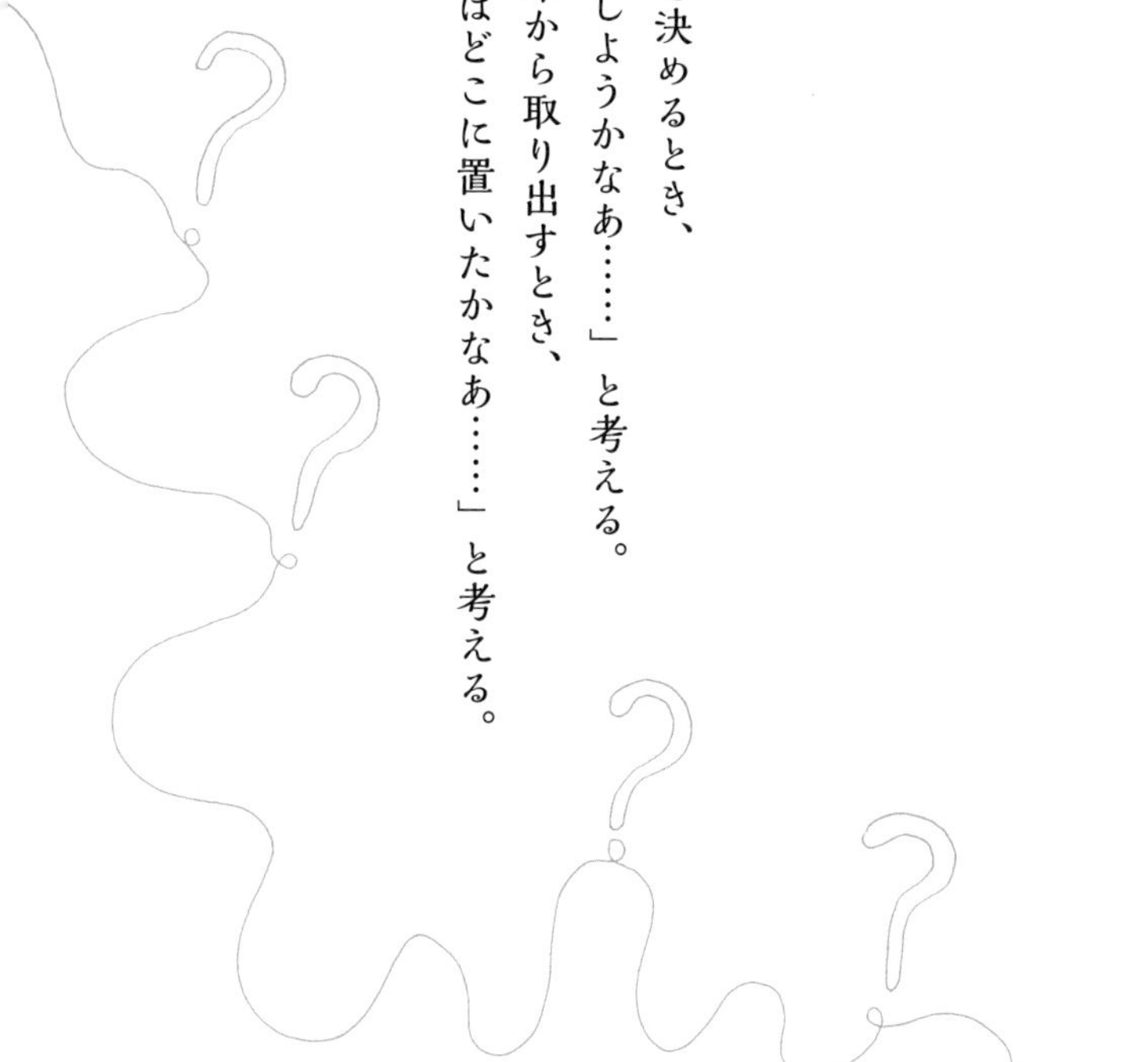

この「考える」が
毎日の時間と労力をムダにしています。

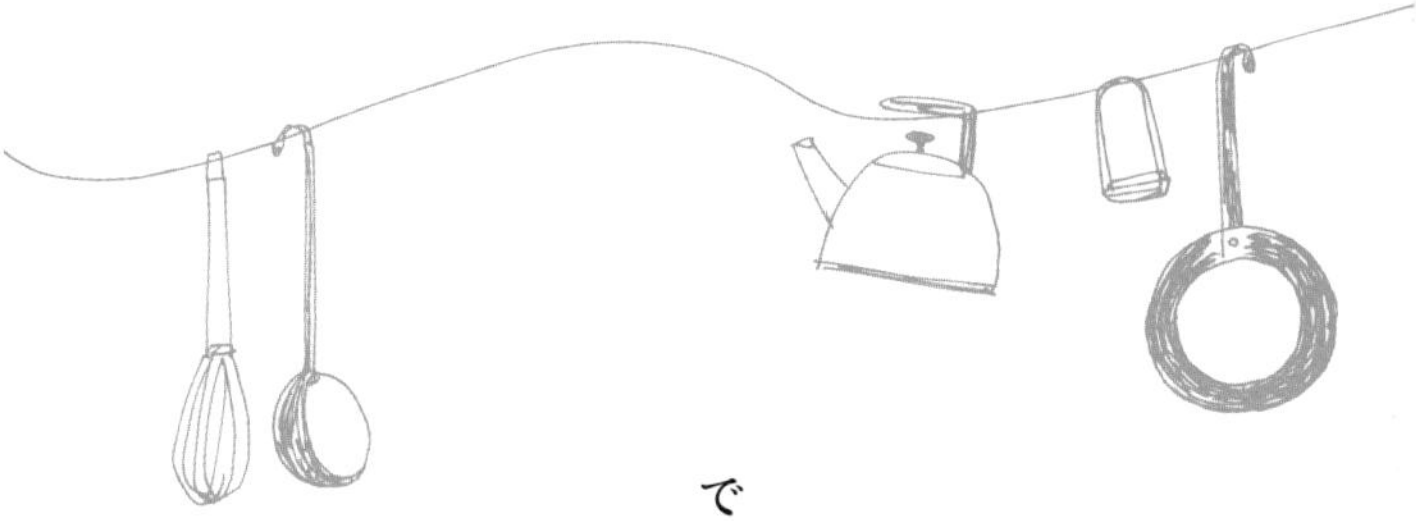

では、どうすればいいのでしょう？

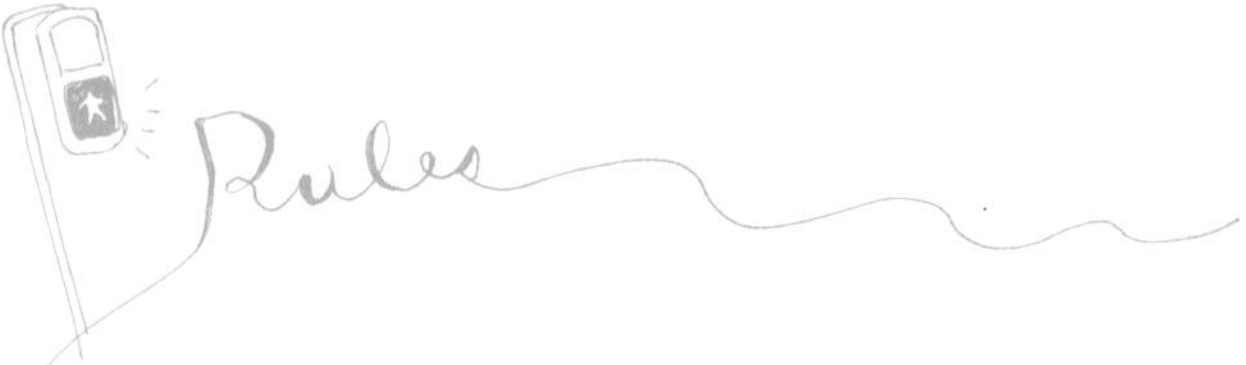

道路には、「信号」があります。
青になったら進む。赤になったら止まる。
とてもシンプルですが、
このルールがあるから
安心して横断歩道を渡れるし、
車どうしの衝突も起きません。

台所しごとにも
同じようにルールがあります。
毎日うまくいかないのは、
それを知らないだけ。
さあ、いっしょに
台所しごとの正しいルールを
見ていきましょう。

まえがき

この本は、「台所の正しいルールを知って、効率的に一連の台所仕事をこなすための本」です。

なぜ台所なのか、疑問に思う人もいるかもしれません。

けれど断言します。

台所しごとがうまく行くと、人生は大きく変わります。

私は、物心ついたときから「ごはんを作ること」が大好きでした。小学生のころから、主婦向けの料理番組をビデオに録画してチェック。学生時代では、休講になれば料理教室に参加。大学卒業後は本格的に料理を勉強すべく、専門学校に通い、ケータリングや飲食店の厨房で修行しました。

いまでは、みずから料理教室を開き、８００人を超える生徒さんに料理を教えているまでになったのですが、その中で気づいたことがあります。それは台所に立つことを、憂うつに感じている人がとても多いことです。

ごはんを作ろうと思うと気が重い。
失敗したときに、自己嫌悪に陥る。
完璧にこなす友人にプレッシャーを感じる。

この気持ち、私もよく分かります。根っからの料理オタクの私でさえ、同じことを思っていましたから。
なぜこんな気持ちになるのか。それは台所が「考えすぎる場所」になってしまっているからです。

では、そもそも「考えない台所」って、何でしょう？

献立を決めるとき、「何にしようかなぁ……」と考える。

冷蔵庫から取り出すとき、「あれはどこに置いたかなぁ……」と考える。
献立を決めるとき、「何を作ろうかなぁ……」と考える。

この、「考える」が、毎日の時間と労力、体力を無駄にしています。
たとえば、道路には「信号」があります。青になったら進む。赤になったら止まる。とてもシンプルですが、このルールがあるからこそ、安心して横断歩道を渡れますし、車同士の衝突も起きません。

台所しごとにも同じようにルールが存在します。
毎日、台所しごとに追われ、自分の自由な時間が持てないのは、そのルールを知らないだけ。

「ルール」や「習慣」というと、少し固苦しそうに聞こえるかもしれないですが、本書でご紹介する方法は、とにかくシンプル。調理の技術もセンスもいらなければ、高級な調理道具もいりませんのでご安心ください。

本当の「料理上手」とは、美味しいものを作れる人でも、栄養バランスの整った完璧な献立を立てられる人ではありません。

私の思う「本当の料理上手」は、笑顔で台所に立ち続けられる人です。

献立作りから買い出し、冷蔵庫、収納、調理、片付け。この一連の流れをトータルで「料理」だと私は思います。

この一連の流れの正しいルールを習慣にすれば、台所しごとは劇的に楽になります。

台所へ立つ全ての方、現代を生きる忙しい方々へ。

この本を通じて、1日も早く自分の時間と本来の明るい自分を取り戻せることを、心から願っています。

Kangaenai Kitchen

CONTENTS

CHAPTER 3

調理編

CONTENTS

CHAPTER 6 道具編

付録 仕込み&栄養満点レシピ

考えない台所

マインド編

CHAPTER 1

台所に立つ前に

台所しごとにセンスは必要ないことを知る。

正しいルールを習慣にすれば、台所しごとはうまくいきます。

最初の章では、台所に立つ以前に、理解しておくべき大事な考え方（マインド）についてお話ししたいと思います。具体的なルールをいくら知っても、マインドが整理されていなければ、意味がないからです。ルールを自分のものにするために、まずは自分のマインドを耕しておくことから始めましょう。

それでは、次の文章を読んでみてください。

献立を決める。
買い出し。
食材の下ごしらえ。
食器や鍋を洗う。
食器や鍋を棚にしまう。
コンロや排水溝の掃除。
冷蔵庫の手入れ。
ごみ捨て。

明日のお弁当の下準備。

見ただけでちょっと憂うつですよね。

「いますぐやらなくちゃ！」と思っていても、「あとでやろう」「疲れてるし」「仕事が忙しいから」「子どもがいるからしょうがない」と自分に言い聞かせていませんか？

家事も仕事も、緊急を要することはがむしゃらにこなす一方、重要ではないけれど、やらねばならぬことは、ついつい後まわしに。

いつか、いつかと思っているうちに、あっという間に日が暮れて、今日もできなかったことにモヤモヤ。自分にもモヤモヤ。最後には、家族や友人にあたってしまい、さらにストレスがたまる。こんな状況、よくありません。

では、なぜ私はそんな状況から脱出できたのか。

それは、**「意識して、正しいルールを習慣にしたから」**です。

正しいルールとは、効率的でムダのない動きのこと。

飲食店の厨房やケータリングでの経験をふまえて、まずは正しいルールを整理することから始めました。よほど勉強熱心でない限り、調理以前の台所まわりのルールについて学ぶ機会はありませんから、うまくいかないのはあたり前なのです。

そして、ルールを知っただけでは意味がありません。習慣化が大切です。

習慣なんていまさら……なんて声が聞こえてきそうですね。けれど、「意識」という部分が重要です。人間の行動は、95％が無意識の習慣でなされていることを知っていますか？　起きてから寝るまで、日常的にくり返される行為はラクではありります。しかし無意識の習慣は、ときにあなたの動きを邪魔することもあるのです。

たとえば、夕飯にカレーを作るとします。買い出す食材をメモして、スーパーに行き、帰って野菜を洗って切って煮て、食べて洗って片づける。

この一連の流れを「無意識に」完璧な手順で行う人はいません。無意識に作業をすると、どうしてもムダな動きが含まれてしまうからです。

〈ムダな動き〉
自宅にある食材をまた買ってしまう。
何度も冷蔵庫の開け閉めをする。
まな板を何度も洗う。
料理を盛るスペースがなくて片づけを始める。
……など。

単純に、準備した食材を調理するだけなのに、こんなふうに途中でムダな動きが生じて、なかなか前に進まないこと、多くありませんか？

でも、正しいルールを習慣にすれば大丈夫です。

それでは習慣化するにはどうすべきか。それは、**意識しながら継続すること**。それで初めて自分のものとなるのです。

私は、定期的に背伸びをするとふくらはぎのシェイプアップになることを知り、「歯を磨くときに背伸びをしよう！」と決めました。しかし全然続きません。そこで、歯ブラシの持ち手に「背伸び」とマジックで書いて意識したところ、3日、1週間、2週間と続き、いまでは書かなくても続くようになりました。これが正しい習慣です。

台所しごとを効率的に、段取りよく進めるには「センスのあり・なし」は関係ありません。

正しいルールが習慣になれば、考えなくても体が動くようになるのです。

アメリカの哲学者、ウィリアム・ジェームズはこんな言葉を残しています。

「心が変われば行動が変わる。行動が変われば習慣が変わる。習慣が変われば人格が変わる。人格が変われば運命が変わる」

この本でご紹介するルールを習慣にして、あなたも人生を変えてみませんか？

台所に立つ前に

自由な時間で、自分がしたいことを妄想する。

すると、どこを時短すべきなのかが見えてきます。

効率よくごはんのしたくを終えられた結果、生まれた時間で、あなたは何をしたいですか？

ぼーっとしたい。
落ち着いてコーヒーを1杯飲みたい。
雑誌を読みたい。
映画を観たい。
仕事をしたい。
寝たい。

いろいろな「〇〇したい」があると思います。

台所に立つ前に、まずやってほしいこと。
それは、生まれた時間で何をやりたいかをイメージすることです。具体的なイメージがなければ、それに合った準備ができませんし、優先順位も見えてきません。

料理教室の生徒さんにも、時間が欲しい欲しいという人はとても多いです。

「じゃあ、あまった時間で何をしたいの？」と尋ねてみると、案外まとまっていない人が多いのも事実です。

自由な時間ができたのに、やりたいことが何もないのでは、もったいないと思いませんか？　やりがいや達成感も薄れます。

ささいなことでも、壮大な夢でも構いません。イメージすることは、行動が変わるきっかけになります。


たとえば、以前の私の夢は「定期的に料理教室を開く」ことでした。

そのために料理や家事の時間配分を調整し、ブログを毎日書くようにしたのです。

この先生の教室で習いたい！　と思った人に集まってほしかったので、自分を知ってもらおうと、プライベートを赤裸々につづりました。また料理のテイストを知ってもらうために、料理の写真もたくさん投稿しました。

すると、ブログのアクセス数が数千倍にアップ。申し込みが増えて、いまでは教室を毎週開けるようになったのです。

わざわざ用紙に書き出さなくても、携帯電話のメモ機能などを使ってもよいので、**一度、自分がやりたいことをアウトプットしてみましょう。**それだけで、なりたい自分に1歩近づいたといっても過言ではないですよ。

台所に立つ前に

ネガティブな感情は、何の意味もないことを知る。

イライラするだけ
時間のムダです。

専業主婦の人も働く女性も、話を聞いてみると「1日中、料理のことを考えて疲れる」「料理の準備のことを考えるとプレッシャーを感じる」「味がいまいちだと自己嫌悪に陥る」「時間どおりにできないと焦る」「面倒くさい」など、ネガティブな発言がどんどん飛び出します。

はっきりいいますが、**後ろ向きの状態でうまくいくことなんて、ひとつもありません。**

雑になってお皿を割ってしまったり、焦って手順を間違えたり、買い忘れがあったり……。さらにイライラが募り、本当によいことがないのです。人にもやさしくなれません。

トイレに行きたくて急いでいるときに限って、玄関のドアの鍵がうまく差し込めなかったり、なぜか靴が脱げなかったりしませんか？ まさにあの状態です。

私も面倒くさい病に襲われることがあります。すべてが、面倒くさいのです。人間ですから、そうなるときだってありますよね。

でも、ネガティブな自分が顔を出したらやってみること。それは「なぜそれをやるのか」を改めて思い出すことです。

たとえば私の場合、

- **なぜ献立を考えるのか　↓　子どもにバランスよく栄養を摂らせたい。**
- **なぜ買い物をするのか　↓　自分の目で安全な食材を買いたい。**
- **なぜ料理をするのか　↓　おいしいと喜ぶ、家族の笑顔を見たい。**
- **なぜ掃除をするのか　↓　家族が気もちよく暮らすため。**

全部、あたり前のことですが、自分が納得すると、自分の行動の意味（役割）がクリアになって、気もちが前向きになるのです。

職業柄、私はひたすら台所に立っています。

新しいレシピを考えて何度も試作して、そのあとには自分の家族の食事を作らなくてはいけません。嫌気がさすときもありますが、なぜ、自分がそうしているのかを思い出すようにしています。

すると、一生懸命に料理をする生徒さんの姿や、子どもが笑いながら食べている姿、食卓を囲む人たちの明るい像がたくさん浮かんできて、それが私の原動力となり、納得して進められるのです。

ポジティブになるなんて無理！　と思うかもしれません。

でも、**訓練としてすべての工程に前向きな理由をつけてみてください。**そして、おまじないのように唱えてください。

自分がポジティブになるのを待っていても、それは一生やってきません。自分は、自分の意思のみで変わるのですから。

台所に立つ前に

自分のやる気スイッチを知っておく。

どうしてもやる気が出ない日は
お休みしましょう。

とにかくまったく気分がのらない！　人間ですからそんなときもあります。
ここでは、料理中に気分を上げる、ちょっとしたアイデアを紹介します。

形から入る

何かを始めるときに形から入る人、多いと思います。私もそのひとりです。お気に入りのエプロンをキュッとしめたり、かわいいゴムで髪をキュッと束ねたり。この「キュッ」が、私の気合いが入るとき。楽しんでやるぞ！　とやる気が出ます。

植物を飾る

台所には彩りも大切。観葉植物がひとつあるだけで、心が穏やかになります。手入れに自信のない人は、アーティシャルフラワーやプリザーブドフラワーがおすすめ。

調理グッズで気分を上げる

自分が好きな色で調理グッズをそろえてみましょう。単純にかわいいだけで選ぶのではなく、機能性も重視してくださいね。

好きな音楽を流す

これは効果絶大。オーケストラの曲を大音量で聴いたり、大好きなアーティストの曲をかけたり、その場の気分で選曲します。

ただし火をかけているときは、音楽は止めましょう。パチパチなのかバチバチなのか、シュー！　なのか、フツフツなのかポコポコなのか……。おいしく焼けている音、焦げている音、沸いている音など、音が教えてくれることはたくさんあるからです。

たっぷり香りをかぐ

何気なく料理をしている人にぜひやっていただきたいこと。それは、手に取った食材や調味料の香りをかぐことです。よい香りは脳を刺激して活性化してくれます。たとえばハーブのさわやかな香りや、しょうゆの香ばしい香り、ごぼうの土の香り、バターの焼ける香り……。香りをかぐことで、料理へのワクワク感で胸が高まります。

● 料理番組を再現する

料理番組の収録をしているつもりで、「ここでみりんを加えます」など、ひとりでしゃべりながら料理をするのです。頭のなかが整理されて、スムーズにできあがります。ちょっぴりむなしさもありますが（笑）、だまされたと思ってお試しを。

● コマーシャルと競争する

シンクのなかに溜まったお皿や調理道具を洗うのが億劫《おっくう》なとき、私がよくやる方法は、テレビCMが終わるまでに洗い物を終わらせるぞ！　と決めること。意外と長いCM。始まったら洗い物のスタートです。先に終えられたときの気分は最高ですよ。

● 自分へのごほうびを

これが終わったらビールを飲もう、あの本を読もうなど、自分が大好きなことをごほうびに設定すると、終わったあとの達成感や充実感がたっぷり味わえ、それが幸福感に変わります。

●どうしてもだめなときは休む

私にもあります。何も手につかないときが。そんなときは休みます。家族には「閉店」の看板を出します。けれど、しばらく電源をオフにすると充電されて、翌日はもっとがんばろう！　と思えるから不思議なものです。

たくさん紹介しましたが、要は「楽しんでやろう！」という気もちが大切なのです。たったそれだけで台所で起きることが変わっていきます。だから手段は何でもよいのです。自分の気分があがるコツを知っておくと、負のスパイラルから抜け出しやすくなります。

料理をつまらなくするのも自分。楽しくするのも自分。すべては自分次第。どうせやるならゲーム感覚で楽しくこなすのがいちばんです。料理は、あなたの笑顔が一番の調味料です。

考えない台所

準備編

CHAPTER 2

献立のルール

「献立 客観シート」で、マンネリを打破する。

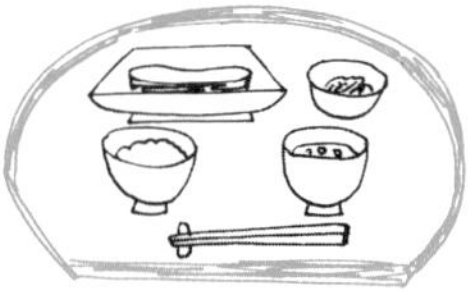

自分の傾向がわかって、
調理法と味つけに幅が広がります。

この章では、献立作りや買い物などの準備についてお話ししたいと思います。「台所」というと、調理ばかりが注目されますが、じつは**それ以前の準備が肝心**です。すぐに献立が決まったり、スムーズに買い物できたりするとストレスがなく、調理へのモチベーションも高まり、時間短縮にもつながります。

まずは献立の作り方から。

今日のごはんは何にしよう……と、台所に立つ前から気もちが重くなってしまう人が多いです。

何を食べたいか家族に尋ねても「何でもいいよ」といわれ、いざ作ってみたら、微妙な顔をされたり（何でもいいっていったじゃない！と叫びたくなりますね）、アイデアが思い浮かばず、結局いつもと同じメニューになってしまったり（それを家族に指摘されるとカチンときますしね）。

でも家計や健康のことを考えて、なるべく市販の商品に頼らず作りたいものです。

献立 客観シートの例

		牛肉	豚肉	鶏肉	魚介類	その他
生	和			とりわさ	刺身海鮮丼	
	洋	カルパッチョ			海藻サラダ	
	中					
煮る	和	肉じゃが	角煮	手羽の煮込み 鶏だんご煮	カレイの煮付け	
	洋	カレー ミートソース	ポトフ		たこといかのトマト煮	ソーセージと豆の煮込み
	中		麻婆豆腐		白身魚の中華煮	
炒める・焼く	和		しょうが焼き チャーハン		ぶりの照り焼き	
	洋	ハンバーグ ローストビーフ	ポークソテー		鮭のムニエル	コンビーフポテト
	中		焼きぎょうざ			
揚げる	和		とんかつ	からあげ 鶏天ぷら	あじフライ	
	洋		コロッケ	フライドチキン	エスカベージュ	
	中				えびマヨ	
蒸す・ゆでる	和			蒸し鶏	鮭のホイル焼き	そば うどん
	洋					
	中		水ぎょうざ		えびぎょうざ	

魚介類は充実している!

全体的に中華のメニューが少ないので増やしてみよう

牛肉を使ったレシピが少ない!

「蒸す・ゆでる」のメニューが少ないので挑戦してみよう

献立を考えるということは、「メイン」を決めることです。

そのメインがなかなか決められないのよ！　という感じですよね。

それでは、こんな表を作ってみてください（右ページ参照）。

横軸にメインの食材を書き入れます。「牛肉」「豚肉」「鶏肉」「魚介類」「その他」の5つ。たて軸には調理法を書き入れます。泣いても笑っても、調理法は「生」「煮る」「炒める・焼く」「揚げる」「蒸す・ゆでる」の5つだけです。そして空欄を、「和・洋・中」の3つに区切ります。

まずはこの表を作り、あなたのレパートリーを書き入れてみてください。そうすると、自分の献立の傾向がわかるはずです。私はこの表を「献立 客観シート」と呼んでいます。

蒸し料理やゆで料理をしない人は、「蒸す・ゆでる」の欄が空欄に。豚肉料理ばかりにかたよっていて、しかも調理法は「炒める」ばかり……など。**自分の献立を客観視することで、マンネリの理由が見えてくる**のです。

そして同じ食材でも、調理法を変えるだけ、味つけを洋風から和風に変えるだけで、マンネリ化を防げます。食材を使いきれるようにもなります。

その日に出すべきメニューがある

結婚当初、食事作りには相当気合いが入っていました。喜んでほしいからとパートナーの好きなものばかりを作っていましたが、それだとまったく収支のバランスも栄養のバランスも悪く、あまってしまう食材も多く出てきました。

1週間で食材を使いきれるという本も参考にしましたが、パートナーは出張が多く、私は撮影などで仕事が長引いて夕食時に帰れないこともよくあり、この使いきり献立作戦は逆にすべての予定が狂ってしまい、それもストレスのもとになりました。

家族の予定はバラバラです。毎日料理をする人もいれば、たまには外食というご家庭もあると思います。

そこでおすすめなのが、**自分と家族の予定を把握して、献立を考えること。**

パートナーが不在の場合、子どもが塾で遅くなる場合、家族そろって夕食の時間をとれる場合。それぞれに合った献立を考えるのです。

- **早く帰宅できる日** → 新たなメニューに挑戦してみる。
- **家族がそろう日** → 揚げたての天ぷら、コロッケ。ゆでたてのパスタにする。
- **帰宅が遅くなる日** → 煮込み料理を保存しておく。
- **家族がバラバラに帰宅する日** → メインは温めるだけのものや、そのまま出せるものにする。

このように、自分と家族のおおよその予定を頭に入れておくと、献立の方向性を決めやすくなりますよ。

献立のルール

節約したいときは、「旬」「まとめ買い」「冷凍」。

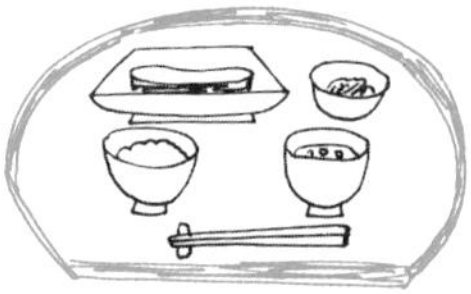

1か月で1～2割は食費を抑えられるようになります。

自分のレパートリーの傾向や強化ポイントは見つかりましたか？

次に、自然と安く仕上がる献立のルールについてお話ししますね。ポイントは「旬の野菜」「セール品の肉をまとめ買い」「冷凍」です。

「旬の野菜」を使う

野菜をたっぷり取り入れたいけれど、たくさん購入すると高くなってしまう……。

そんな人は旬の野菜を買いましょう。野菜の旬は約3か月間で、その時期にたくさん収穫されるため、手ごろな値段で手に入ります。そして栄養価が高くおいしいのが魅力です。

たとえば、春はたけのこごはんや菜の花のおひたしを作ってみましょう。

ズッキーニは、冬は250円程度で高級品ですが、夏は100円で手に入るので、グリル焼きがおすすめです。

通年売っているトマトの旬は夏。冬は水っぽいのですが、夏は完熟していて最高のおいしさなのでメイン食材としても。値段も冬と比べて1つ数十円～100円違います。

おなじみのほうれんそうの旬は冬で、年間でもっとも栄養が多く、えぐみが減ってぐっと甘くおいしくなります。

●セール品の「肉」をまとめ買いする

肉はよくセール品になります。ぜひまとめ買いをしましょう。献立を考える前に、よく行く店舗のチラシやウェブサイトをチェックし、お買い得品を中心に献立を考えるのも、おすすめです。事前にチェックしておけば、セール品に目がくらんで、予定外のメニューに変更！　なんていうことを防げます。私は子どもを寝かしつけながら、スマートフォンで情報収集していますよ。

●「冷凍」を活用する

旬の野菜やセール品の肉をまとめ買いしたときは冷凍です。それを毎日の献立に登場させます。

私は夕方のセールで半額になった国産牛のステーキ肉を大量に購入し、冷凍しています。**冷凍の肉があると思うと、気がラクになる**のです。お買い得な旬の野菜をまとめ買いしたときも冷凍です。

にんにくやしょうが、ねぎ、みょうがなども冷凍しておきます。1回の料理で少量しか使わないですし、悪くなりやすいからです。

食パンは買ってきたその日に冷凍庫へ。日がたつにつれて味が落ちるので、おいしさを閉じ込めておくためです。

冷凍については、P126からくわしくお話ししますね。

お住まいの地域や、天候、産地などで値段の違いはありますが、このルールが習慣になると、1食につき数百円の違いが出るので、1か月で1～2割の食費を抑えられるようになりますよ。

買い物のルール

買い物メモは、店のレイアウト順に書く。

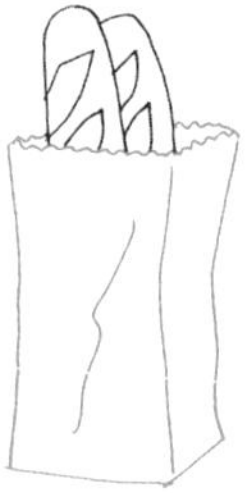

店内をムダにウロウロせずに済みます。

おそらく多くの人が、買い物前に食材をリストアップして、そのメモを片手にスーパーなどへ行っているでしょう。でもその方法、ムダに時間がかかっているかもしれません。ここでは、食品売り場を何度もウロウロせずに、1回でレジへ進めるルールをご紹介します。

私は以前、買い物にとても時間がかかっていました。メモの順序どおりに野菜を手に取り、次は乾物、肉……と目あての食材を買い物かごに入れ、レジに並んでいるときに、見落としていた食材に気づき、また売り場に戻ったりしていました。小さなスーパーでも、行ったり来たりすることは大変なタイムロス。その原因はずばり、思いついた食材をズラズラとリストアップしたメモの書き方にあったのです。

しょうが、肉、りんご、玉ねぎ、食パン、ブロッコリー、いちご、ドレッシング……。

このようなメモだと、それぞれの売り場で購入するものを、毎回、上から順に確認していかねばなりません。

取りもれが生じる原因にもなります。


そこで、最短距離・最短時間で終えられる、メモの書き方をご紹介します。


それは、**配置される棚の順に、買い物リストを書くこと**です。

まずは、リストアップする際に、よく行く食品売り場がどんなレイアウトになっているかを思い出してみてください。

私のよく行くスーパーは、地下が肉・魚・野菜・調味料・缶詰・乾物・粉やレトルト・日用品・冷凍となっており、地上が乳製品・米やパン・インスタント食品・飲み物・惣菜、というレイアウトとなっています。

その棚を思い出しながら、地下の入り口から地上の出口までをムダなく歩ける配置順にリストを作成していきます。

初めて立ち寄る食品売り場は?

毎回同じお店に行くとは限らない! という声が聞こえてきそうですね。でも安心してください。初めて訪れる食品売り場でも効率よく買える方法は、次のリスト順です。

①野菜・果物
②鮮魚・精肉
③惣菜

なぜこの順なのか。
それは**食品売り場には、共通した秘密がある**からです。それは商品の配置の仕方です。食品売り場のレイアウトは、ほとんどの店で**「野菜・果物」「鮮魚・精肉」「惣菜」**の順となっています。

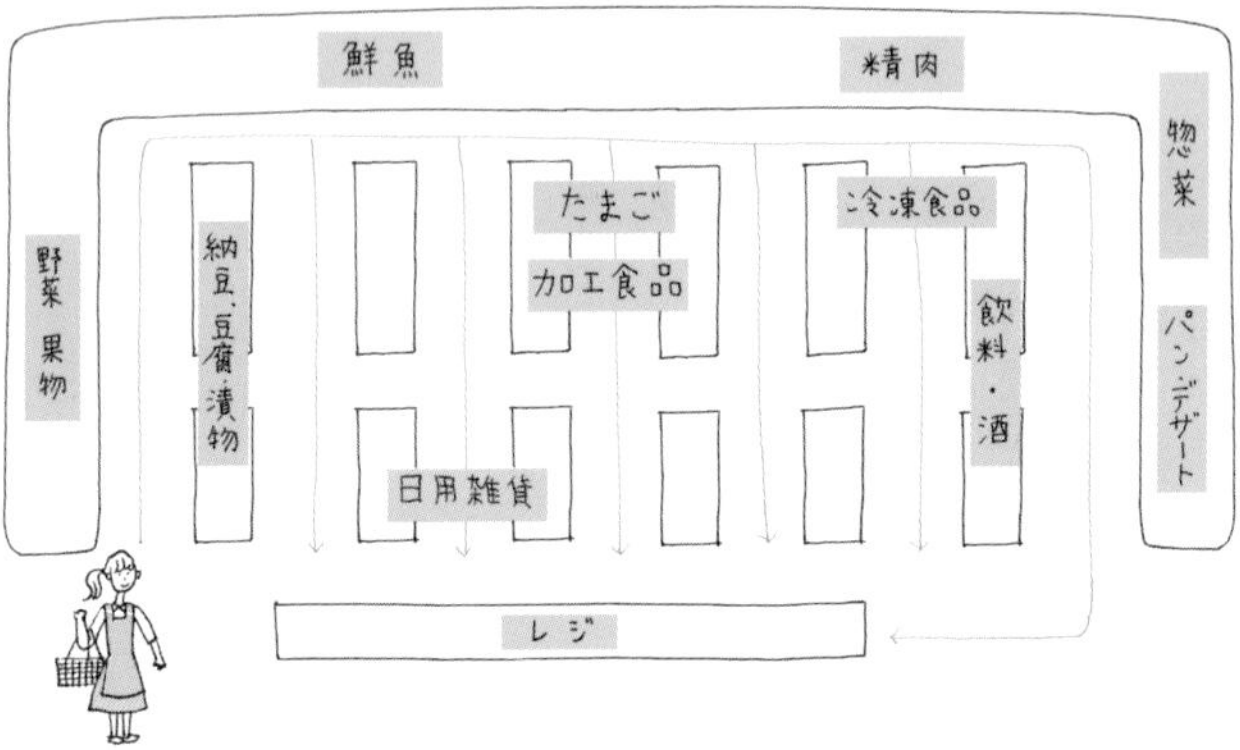

「野菜・果物」の売り場が、入口からいちばん手前にある理由。それは季節ごとに食材の変わる青果を店頭に置くことで、店の品ぞろえや鮮度を、効果的にお客さんへ伝えられるからです。

その次に、**「鮮魚・精肉」**が配置される理由。それは、もっともよく買われる食材なので、店の正面奥に配置し、レジに向かうまでに、さまざまな商品を見てもらい、購入してもらうためです。

最後に**「惣菜」**が、いちばん奥に配置されています。パンなども置かれているでしょう。

これは、メインの食材を手にしたあと、「もう1品」を考えるときに訪れる場所なのです。最初から惣菜を置くと、そこだけで完結してしまうお客さんがいます。店内を、まんべんなく見てもらえるよう、入口からいちばん遠いところに配置しているのです。

その他の商品は、店によって異なりますが、**「加工食品・たまご・冷凍食品」**などは、鮮魚・精肉コーナーから、少しなかに入ったところに陳列する店が多いです。

今日から、買い物メモの書き方を少し工夫してみてください。売り場をグルグルせずに、スピーディーに買い物を終えられるようになるはずです。

買い物のルール

2段組みのカートを利用すると、買い物時間が短くなる。

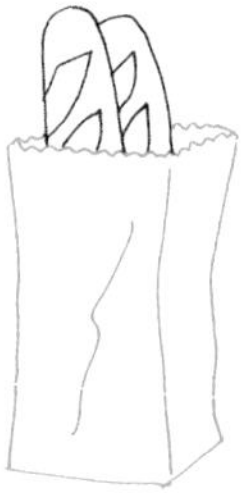

上には常温、
下には冷蔵品を入れると
帰宅後の仕分けがラクになります。

前項で、買い物メモの重要性をお話ししました。ここでは、帰宅後の仕分けをラクにする買い物のルールについてのお話です。買ってきた食材を「これは冷蔵庫、これは常温で……」と仕分ける時間をなくします。

私はいつもスーパーに入ると、2段組みのカートを選び、上下にかごをのせて買い物を始めます。**上には常温の食材**を入れ、**下には冷蔵・冷凍品**を入れていきます。

レジを打ってもらっている間に、常温品は持参したエコバッグに次々と詰めていきます。下段の冷蔵・冷凍品類も、持参した保冷袋に詰めます。ぼーっと、会計を待つことはしません。

こうして**あらかじめ分けておくと、帰宅後に仕分ける必要がなくなる**のです。

また、ある程度の料金分を購入すると、自宅に配送してくれるサービスを実施する店舗もあります。まとめ買いなどをした際には、おおいに活用しましょう。もちろん、その際も「常温」「冷蔵・冷凍品」に分けるのを忘れずに。

買い物が終わって、重い荷物を抱えて自宅に戻ると、ヘナヘナと居間に倒れ込んでいませんか？　たしかに買い物は体力勝負ですから、その気もち、わかります。

でも、ちょっと一息入れる前に、食材をあるべき場所へしまい、できれば野菜を洗っておくだけでも済ませておきましょう。それだけでも、調理の時間がうんとラクになり、過去の自分を愛おしく感じるはずです。

考えない台所

調理編

CHAPTER 3

調理のルール

調理の工程を、5つに分解する。

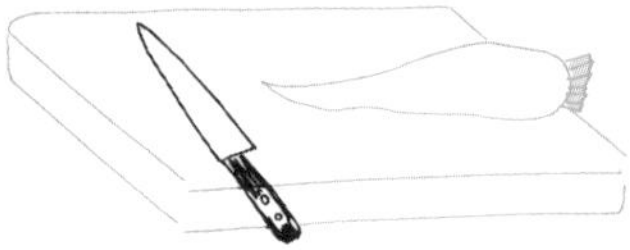

分けることで、
事前に進められる作業が
見えてきます。

この章では、調理する際のルールについてのお話です。食材の切り方やまな板の使い方など、すぐに取り入れられるルールばかりです。まずは、調理を始める前にやっておきたいことをお話ししましょう。

漠然と調理すること。これがいちばん非効率的です。

自分が何の料理の、どんな作業に取り組んでいるのかを把握しないまま作っても、どうすれば効率的になるかはわからないからです。

たとえば、ある期日までに処理するよう依頼された書類が、全部で何ページあるかわからないまま進めていてはペース配分ができませんよね。つまり、**全体像を知ることが重要**なのです。

調理には基本の作業が5つあります。

①洗う・むく・切る
②下味
③加熱
④味つけ

⑤ 保存

どんな料理も、このいずれかを必ず行います。

事前に作業を進めておきたいものの、どこまで進めておけばよいのか、判断できないことがありますよね。なかには事前準備というと、**毎回、1品丸々作っている人も多いのでは。**これでは時間に余裕があるときにしか手をつけられません。

しかし、分割してみると、「事前に進められる作業」がはっきりとわかります。

たとえば肉じゃがは**「②下味」**がなく、**「①洗う・むく・切る」「③加熱」「④味つけ」**です。だから**「①洗う・むく・切る」**までは、事前に進められるのがわかります。帰宅したら、すでにカットしてあるものを調理するだけです。

しょうが焼きは、**「①洗う・むく・切る」「②下味」「③加熱」「④味つけ」**の作業なので、**「②下味」**までを先取りして進められます。

もし、手早く調理を終えたいなら、作ろうとする料理が、どんな工程で作られて、どの作業を事前に進められるのかを整理しましょう。

次に、先取りできる作業を料理別にかんたんにまとめました。

● **煮物・煮込み料理**→事前に作って**「保存」**しておくと、味がしみこんでおいしくなる。

● **野菜炒め**→事前に材料を**「洗う・むく・切る」**。肉は**「下味」**をつけておく。水分が出るので、作りおきは不向き。

● **焼き魚**→生のまま塩をふり密閉して**「保存」**する。くさみもなくなり保存もきく。

● **野菜の塩もみ・酢漬け**→事前に**「洗う・むく・切る」「味つけ」**して**「保存」**しておく。あとでさまざまな料理に使える。

● **ひき肉**→事前に**「下味」**をつけておく。もしくは**「加熱」「保存」**しておくことでさまざまな料理に使える。

これらはあくまでもほんの一部分。まずは、今日作る料理の工程を分解してみましょう。そして寝る10分前、子どもが起きる10分前、ちょっとした空き時間に先取りしておくと、調理時間がみるみる短くなります。

下ごしらえのルール

冷蔵庫の食材は全部取り出す、全部しまう。

冷蔵庫と作業場を行ったり来たりせずに済みます。

調理を始めると、何度も冷蔵庫を開け閉めしていませんか？ これってとってもムダな動きなのです。

私の台所は壁に沿った型で、冷蔵庫の位置は作業場から、8歩ほど歩かなくてはいけません。

サラダを作るためにトマトとレタスを冷蔵庫から出して切って、肉野菜炒めを作るためにまた冷蔵庫からピーマン、キャベツ、にんじんを出して切って……としていると、何度も往復しなくてはいけないのです。

料理教室のある生徒さんは、数えてみたら8回も往復していたとか。今日から1回だけで済むルールをお教えします。

それは、冷蔵庫から取り出す前に、必要な食材を把握して「全部出して、全部しまう」を実践することです。

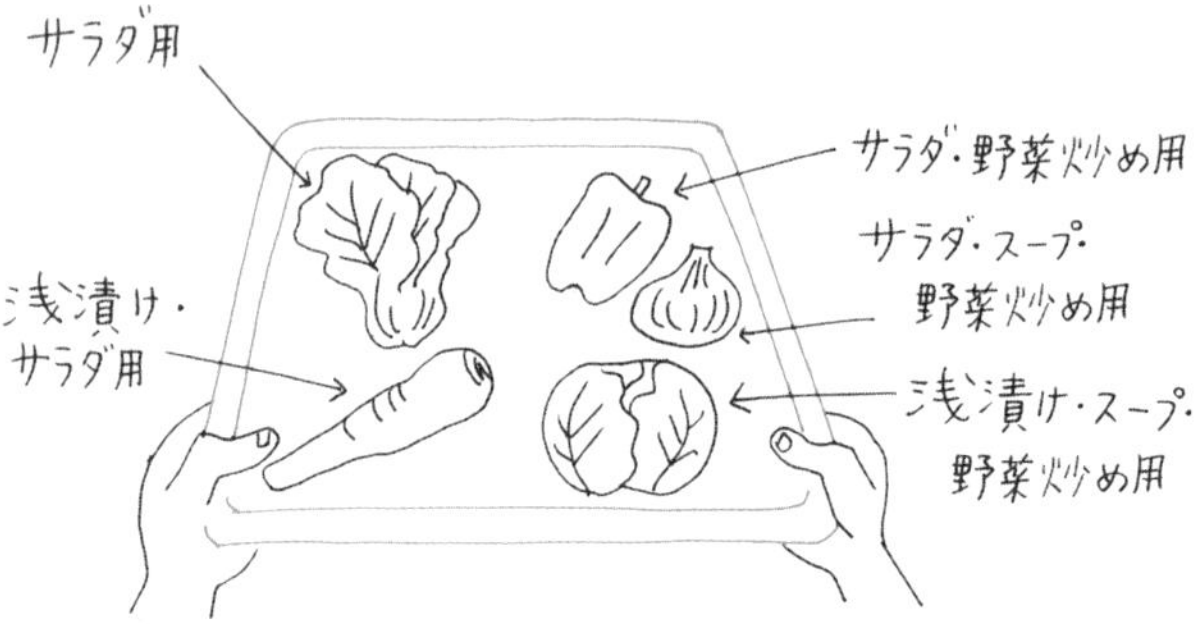

やり方はかんたん。「洗うもの・むくもの・切るもの」を冷蔵庫から一気に取り出し、トレイに載せて野菜はシンクへゴロン。そのままシンクのなかで**一気に洗い、むくものは一気にむいて、切るものも一気に切ってしまいます。**

つまり、メニューごとに食材を出して切るのではなく、今日の献立で必要な食材を全部出して一気に処理していくのです。

終えたら、冷蔵庫へ戻すものは、先ほどのトレイにひとまとめ。使った調味料も、野菜も、一気にしまいます。非常に効率的で、節電にもつながります。冷蔵庫は開けるたびに庫内の温度が上がります。するとパワーを使って冷やそうとするため、何度も開閉すると電力を消費するのです。

料理教室のアシスタントであるAさんは、毎回野菜を切る際に作業場から冷蔵庫をウロウロしていて、10回は往復していました。すれ違うたびにぶつかるので、1回で済ませるこのルールを教えたところ、彼女の動きがみるみる変わったのです。頭のなかを整理したことで、全体の動きがスピードアップしたのでしょう。いまでは多くても2回しか往復していません。

「洗う・むく・切る」の作業を一気に終える。この快感はクセになりますし、時間のロスを防いでくれます。あなたもAさんのように、ぜひ動きの変化を感じてみてください。

下ごしらえのルール

野菜を切るタイミングは、1回だけにする。

何のために使う野菜なのかが明確になります。

前項で、食材は「一気に出して、一気に切る」ことをお伝えしました。ここでは、一気に切るときのお話です。

あれこれ調理しながら野菜を切っていると、「これ何用の野菜だっけ……」と、混乱することがあります。まるで軽い記憶喪失状態のあれですね。

とくに玉ねぎやにんじんなど、よく使う野菜は用途によって厚さや長さが異なり、切り方やゆで方、炒め方を変えなくてはいけないので、なおさら頭がぐちゃぐちゃになります。

私もメイン用の野菜を全部同じ形に切ってしまい、サブのおかず用に足りなくなってしまうことが、しばしばありました。

そんなトラブルをなくすために、まずは**直径10センチくらいのお皿を10枚**用意しましょう。お皿といっても、陶器や紙製ではありません。**安価なプラスチック製のお皿**です。100円ショップのお皿は1組4〜5枚のセットになっていることが多く、手軽に購入できるのでおすすめです。

使い方は、切った野菜を用途別に皿に入れていく。ただこれだけです。スープ用の玉ねぎ、ポテトサラダ用の玉ねぎ、野菜炒め用の玉ねぎ。つまり大きさや形の異なる玉ねぎを、別々の皿に入れていきます。だから**玉ねぎを切るタイミングは1回だけで済む**のです。そして、中途半端にあまった野菜をふり分けられるので、食材を使いきることもできます。

この方法にしてから失敗がなく、調理が驚くほどスムーズになりました。

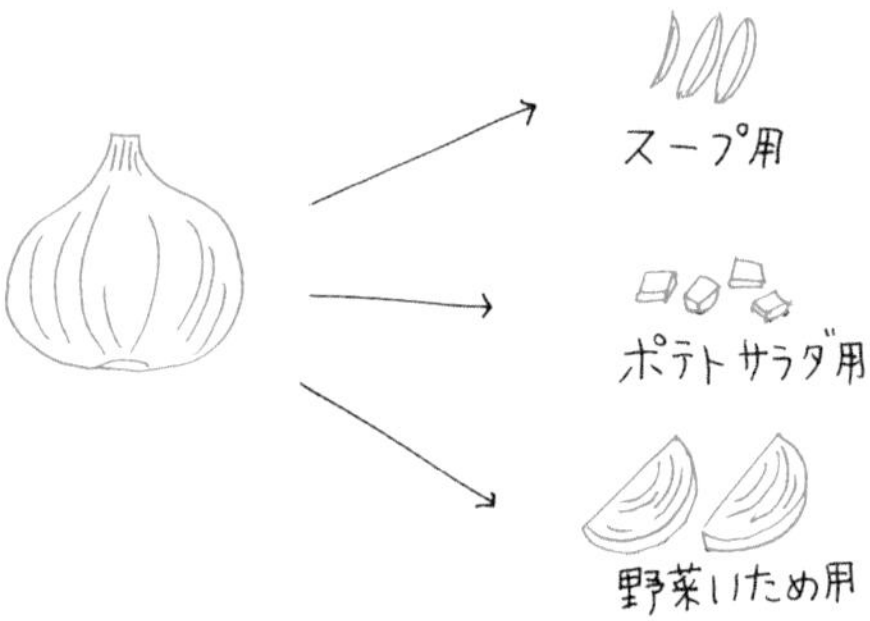

私の料理教室では、カットした野菜、計量した調味料を事前に準備しています。切るものは切る、計るものは計るなど、まとめて済ませてしまいます。そのときに活躍するのがこのプラスチックのお皿。用途別に分けて、ラップフィルムをしてマジック

で何用の食材か、何人分なのかを記入しておきます。ふせんを使うこともあります。

お皿を洗うのが大変では？　と思うかもしれませんが、洗う手間よりもはるかにメリットが大きいのです。軽いので洗いやすく、割れる心配もありません。

乾物を戻すのにも便利ですし、電子レンジ対応なら洗った野菜をぬれたままラップフィルムをして、そのままチンすることもできます。同じ大きさでそろえることによって場所も取りませんし、洗ってくり返し使えて経済的です。

そして、なんといっても軽いので扱いやすく、立てたり重ねたりと収納スペースもとりません。サイズが大きい葉野菜や大家族の場合は、中・大サイズがあると便利でしょう。

プラスチックは傷がつきやすいので、器具を使って混ぜたり泡立てたりするには不向きです。しかし、食材の一時的な置き場所として大活躍すること間違いなし。

頭のなかが自然と整理されていきますよ。

下ごしらえのルール

包丁を使わずに、食材を切る。

はさみやフードプロセッサーで
効率的に切りましょう。

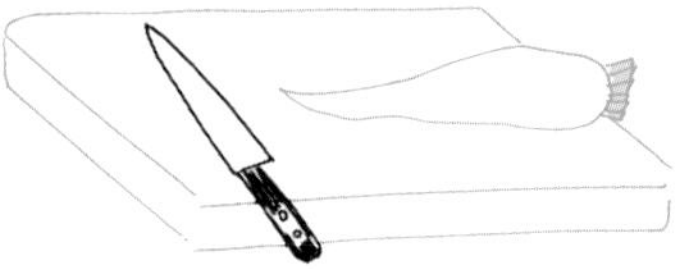

食材のカットは、意外と時間がかかります。

とくに慣れていない人は、毎日ひと苦労ではないですか？　ここではスピードアップ間違いなしの道具を紹介しましょう。

台所用はさみを使う

台所用のはさみというと、袋の封入口を切るだけのものだと思っていませんか？

じつは、使い勝手のよい優れもの。

たとえば、にらやほうれんそうなどの葉ものを切ったり、ねぎを刻んだり、昆布やわかめ、肉を切ったりできます。**おおかたの食材は、はさみで切れます。**

できればきちんとしたメーカー製のはさみを手に入れましょう。切れ味がまったく違うからです。効率的でスピーディーに済ませるためのものなのに、切れずにもたついていては意味がありません。

「みじん切り」はフードプロセッサー

みじん切りはフードプロセッサーがいちばんです。**玉ねぎ1個のみじん切りが、10秒**で済みます。

野菜を3センチ角に切ってフードプロセッサーに入れたら、大きさにムラが出ないよう1秒ごとにスイッチを押したり離したりをくり返します。好みの大きさになったらできあがり。ガーッと長押しすると、すりおろし状態になってしまうので注意です。

にんにくやしょうがなど、少量の場合は壁面に飛び散りやすく、切りムラが出るのでゴムべらで拭いながらかけることをお忘れなく。だいこんおろしもフードプロセッサーが使えますよ。

「千切り」はスライサーを使う

千切りはスライサーにまかせましょう。

ただし、だいこん、にんじんの千切りを生で食べるときは、ひと手間かけます。

生の千切りは、シャキシャキとした食感となめらかな舌ざわりが命です。スライサーで千切りすると、ギザギザの刃で野菜が傷つき、表面がざらつくのです。炒め物や和え物には問題ないですが、生食には向きません。

まずはスライサーで極薄切りにしたあと、包丁で千切りにしましょう。野菜の繊維がきれいに切れて、最高の食感が生まれます。

生食でいただくキャベツの千切りは、スライサーでもおいしく仕上がります。

皮むき器は、皮むき以外にも使う

皮むき器は、皮むき以外にも使えます。

たとえば、ごぼうのささがき。細かくてシャキシャキに仕上がります。ごぼうの千切りも、皮むき器で薄切りにしてから包丁で千切りにすると最高の歯ざわりに。

アスパラ、にんじん、ズッキーニなど、細長い野菜を皮むき器でむくように切るのもおすすめです。クルクルとリボン状になるので、いつもとは雰囲気の違った料理に仕上がりますよ。

まな板のルール

白い野菜から切り始める。

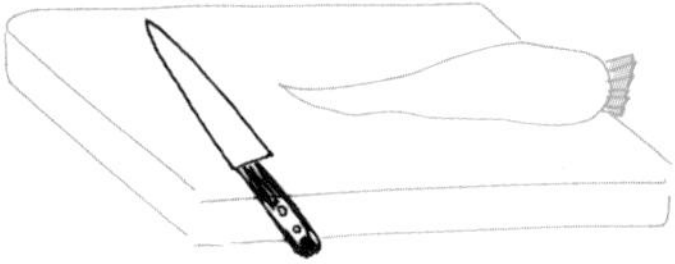

汚れないので
まな板を洗うのが1回で済みます。

毎日使うまな板。どんなふうに使っていますか？ 野菜を切っては洗い、肉を切っては洗い、また野菜を切っては洗うという作業をくり返していませんか？

これでは効率が悪いし、素材が水っぽくなったり、においが残ってしまったりすることも。だからといって、まな板を何枚ももつ必要はありません。ここでは、まな板を洗うのが1回で済む、まな板のルールについてお話しします。

まず手に入れたいのが、100円ショップなどで売られているシート状のまな板。ペラペラでプラスチック製のものです。そして一般的なまな板（木製でも樹脂製でもOK）を1枚準備しましょう。

まな板を使うときのポイントはふたつ。

・肉、魚は、シート状のまな板を使う

・野菜は、白いものから切り始める

肉や魚は雑菌があり、においもつきやすいのでシート状のまな板で切ると決めます。最近は白だけでなく、カラフルなものやキャラクターものなど、さまざまなタイプのシート状まな板が売られているので、肉用・魚用と分けてもよいでしょう。

そして**野菜は白いものから切り始める。**これが大切です。「白→黄色→赤→黄緑→緑」の淡濃順に、切っていくのです。

たとえば、だいこんやかぶ→にんじん→トマト→レタスやきゅうり→ほうれんそう、の順です。そうすると、まな板の汚れが気にならずにどんどん切れるのです。

途中でまな板を洗う必要はありません。

もちろん、野菜のくずや皮は取り除きつつ、水分が出るものはキッチンペーパーで拭きながら、次々と一気に切ります。

まな板の下にぬれたふきんをしいておくと、まな板がずれないのでイライラしませんよ。

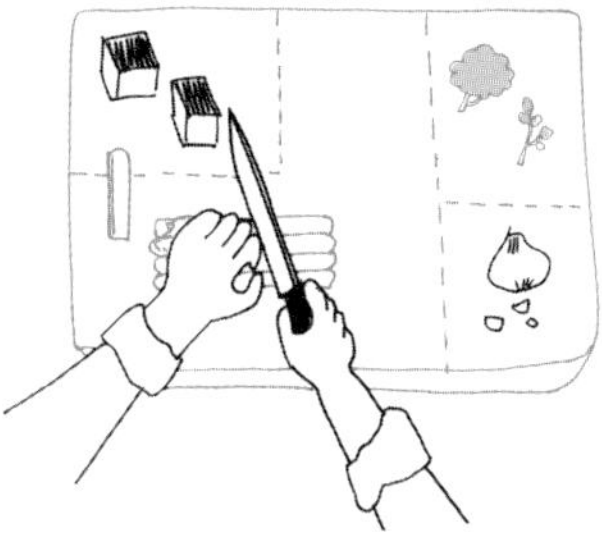

薬味系は場所を決める

においの強い、にんにくやしょうが、ハーブなどは、切る場所を決めておくとよいでしょう。そうすれば、途中でまな板を洗わずに済みます。

多くのまな板はメーカーのマークや持ち手があるので、毎回同じ方向にそれがくるようにまな板をセットし、右下を**「にんにく・しょうがコーナー」**、右上をパセリやしそなどの**「ハーブコーナー」**、左上を香りの影響を受けたくない**「パンコーナー」**と決めます。薬味系を切ったあとは、まな板を洗剤で洗ってもかすかに香りが残ります。こうやっていつも場所を決めておけば、食材へのにおい移りも気にならずにまな板を使えます。

料理において、素材のもつ香りを活すことが、おいしい料理に反映されるのです。

味見のルール

味見用のスプーンを10本用意すると、味が決まる。

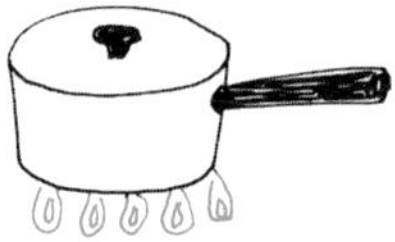

味見をくり返すことで舌が鍛えられ、調理時間を短縮できます。

ここでは、味見の重要性についてお話しします。

多くの人が、レシピ本や番組、インターネットを参考に料理を作ると思います。でも、きのうのレシピはおいしかったけど、今日はまずい。口コミで評判のレシピもなんだかいまいち……などとかたよりがあって一喜一憂していませんか？

レシピ本は、参考程度にとどめましょう。なぜなら、台所の環境や手際は人それぞれですし、玉ねぎ1個と書いてあったとしても、大きめ・小さめがありますし、「しんなりするまで炒める」と書かれていても、炒め具合によって甘さに大きな違いが出るからです。だからレシピ本に頼りすぎるのは危険なのです。

そこで身につけてほしいルールは、味見をくり返すこと。

レシピ本に書かれていなくても、「もっと甘いほうが好き！」と思ったら、ほんの少しの砂糖やはちみつを加えるだけで、ぐっとおいしくなります。だから、味見用のティースプーンをコップに10本入れて、コンロの近くに置きましょう。そして、**①作り始め　②途中　③完成、のタイミングで味見**します。たとえばみそ汁なら、①だし

の段階　②みそを入れた段階　③最後の仕上げ、の3回です。10本用意しておけば、調理の途中でスプーンを補充する必要がありませんし、1本だけでは、味見のたびに洗うのが面倒です。

レシピどおりに作ってうまくいかなくても、本を非難したり、やっぱり私にはセンスがない……などとあきらめたりしないで。**料理の「おいしい」を決めるのは、あなた自身だからです。**

また、**作り方を覚えられない人は、ひとつのメニューを4回作ってみましょう。** 1回目は本を見ながら。2回目はわからないところだけ、本を見ながら作ります。3回目は2回目の失敗を修正しながら作ります。すると、4回目にはアレンジができるようになり、自分のものになるのです。

料理教室の生徒さんにも、必ず自宅で復習するようにお願いしています。

調味料のおおまかな効果

味見をして、なんだか物足りないけれど、何を足せばよいのかわからない……。そんなときは、次の表を参考にしてみてください。

濃い味 →	しょうゆ
甘味 →	砂糖
甘味・コク →	はちみつ
キレのある甘味 →	酒
一発で甘辛く →	焼き肉のたれ・焼き鳥のたれ
まったり・コク・すっきりした甘さ →	みりん
塩味 →	塩
深み →	酒
深み・コク →	オイスターソース
うまみ →	だしの素（昆布、かつおほか）・味の素
辛み →	唐辛子・タバスコ・こしょう・からし・豆板醤など
香り →	ハーブ・こしょう・わさびなど
バランスを調える →	めんつゆ
やわらかくする・くさみをとる →	酒・ワイン

塩のルール

塩のタイミングは、魚は15分前、肉は直前。

魚は身が締まり、
肉はやわらかくジューシーに。

塩は味をつけるだけのものではありません。「水分を出す」「変色を防ぐ」「色を鮮やかにする」「保存力を高める」「食材を引き締める」など、さまざまな効果があります。また、食材によって用いるタイミングも異なります。魚、肉、野菜の順に見ていきましょう。

① 魚

魚は塩をふって事前に水分を出しておくと、生臭さやアクが取れます。魚を調理するときには大事な下ごしらえです。

少なくとも**焼き始める15分前には塩**をふり、出てきた水分をキッチンペーパーで拭き取りましょう。臭みも抜けて身もキュッと締まり、うまみを閉じ込めて焼けます。塩をふると、塩の作用で魚の身のたんぱく質が変成し、これを焼くことで硬くなって身が締まるのです。

煮魚の場合も、煮崩れを防ぎます。

② 肉

魚と逆で、**焼く直前に塩をふる**ことが重要です。塩をふってしばらく放置すると水分が出てしまい、良質な肉も硬くなってうまみも逃げてしまうからです。

やっぱり肉料理はやわらかくジューシーなほうがいいものです。サッと塩をふって、香ばしく焼きましょう。

③ 野菜や果物

塩を入れた湯で野菜をゆでると、繊維がやわらかくなって、野菜自体にほんのり塩味がつき、**本来の味やうまみが引き出せます。**また、塩を入れることで沸点が上がり、温度を下げることなく鮮やかにゆでられます。

ゆでたあとは色が飛ばないように、氷水につけて一気に温度を下げましょう。「色《いろ》止《どめ》」といって、くすむことなく鮮やかに仕上げられます。

切ると変色してしまうりんごは、塩水につけると変色防止になります。

どんな塩を使ったらいい？

選ぶべき塩は「天然の塩」です。自然の恵みをたっぷり受けて作られた海塩や岩塩は、本当にまろやかでおいしいです。

精製された塩はサラサラしていてふりやすいので扱いやすくはありますが、あれは機械で結晶化させたもの。主成分は塩化ナトリウムがほとんどです。しょっぱさが強く、ピリリとした不自然な塩味がします。

同じ小さじ1でも、塩によって味はバラバラ。実際になめてみて、自分の舌に合う塩をリピートしてみてください。

私は、海塩は海のミネラル成分が残った複雑な風味なので、あっさりした魚料理に使い、岩塩はシンプルな風味なので、こってりした肉料理に使っています。

ちなみに、専門店の料理人たちの塩へのこだわりは計り知れません。フランス料理にはフランスの塩、イタリア料理にはイタリアの塩など、各国から塩を取り寄せています。それだけ、塩の世界は奥が深いのです。

砂糖のルール

砂糖は天然ものを選ぶ。

天然の砂糖は
テンサイやサトウキビが原料です。

ここでは、砂糖の選び方についてお話しします。

毎日、どんな砂糖を使っていますか？　たくさんの種類があるので、ただなんとなく選ぶ人も多いと思います。

迷ったときは、天然の砂糖を選びましょう。

カロリーを気にする場合は、人工甘味料でもかまいませんが、おいしさを優先するなら、やはり「天然の甘味料」がおすすめです。天然の砂糖は、テンサイやサトウキビを原料として作られており、やさしい甘さとまろやかさで、**どんな料理にもスッと調和します。**

また、砂糖はただ甘いだけではなくて、種類によって味がまったく異なります。料理によって適した砂糖があるのです。

クッキーを例にして説明しましょう。

粉糖を使ったクッキーはホロホロ。グラニュー糖を使ったクッキーはサクサク。粒の粗い砂糖（極端にいうなら、ざらめなど）を使ったクッキーはザクザク。食感の音で表現しましたが、もちろん味だって違います。料理によって適した砂糖の種類を選ぶと、いつもの料理がグッと変わります。それでは、代表的な主成分が異なる砂糖の種類と、それぞれの用途を紹介しましょう。

●上白糖

精製度が高く、真っ白な砂糖。日本でもっとも使用量が多い砂糖です。とにかく使いやすいので、白く仕上げたいかぶや寿司酢に合わせたり、溶けやすいので和え物にも使えたりします。ポタージュスープにも。

●グラニュー糖

菓子作りに使われる代表選手です。和洋どちらにも使えます。くせがなくサーッと溶けるので、コーヒーの旨味をダイレクトに味わえます。

ブラウンシュガー

三温糖や中ざら糖、黒砂糖など、茶色系の砂糖を総称して、ブラウンシュガーと呼びます。ミネラル分を含むため、深いコクが出ます。濃い味の煮物によく合います。

和三盆

やさしい甘みで、素材の味を引き立ててくれる砂糖です。繊細な味の煮物や、やさしい味に仕上げたい煮物などに使います。高野豆腐やかぼちゃの煮物などには欠かせません。少し値は張りますが、上質な味になります。

意外と洋食にも使える

洋食では出番の少ない砂糖ですが、使ってみると仕上がりに変化が出ます。日本は砂糖を多用する文化なので、デミグラスソースやトマトソース、ドレッシングなどに砂糖を加えると日本人好みの味になりますよ。

既製品のルール

「手作りが正しい」と思い込まない。

既製品を使ったほうがおいしいときもあります。

P28でお話ししたとおり、ネガティブな気もちでおいしいごはんは作れません。ネガティブな気もちが、切り方に影響し（雑になります）、炒め方にも表れて（ムラが出ます）、結果的にまずくなるからです。

どうしても料理に気もちが追いつかないときは、ためらわずに既製品を使いましょう。デパートやスーパーの惣菜でもよいですし（最近はおいしい惣菜が増えています！）、缶詰を使ってもおいしい1品になります。

惣菜品を買ってきた日は、でき合いのおかずで済ませることに、後ろめたさを感じないこと。これがいちばん大切です。

そのためにも、**パックのままではなく、お皿に盛りつけて食卓に出しましょう。**

揚げ物の場合は、オイルスプレーをシュッとかけて、トースターで温めるとカリッと仕上がります。買ってきたサラダには、みょうがやプチトマトを添えてみても。パセリをのせる、レモンを添える、ソースを作る。最後に少し手間をかけると見栄えがよくなり、オリジナルの味に近づきます。

「手作りの呪縛」を手放す

とくにお子さんがいる場合は「手作りの呪縛」から逃れられない人が多いです。子どもが口にするものは安心・安全の絶対手作りでなければいけないという考えです。たしかに手作りがいちばんですが、ストレスを抱えながら作ったごはんを、家族は喜ぶでしょうか？

現代の女性は多忙です。だから惣菜を売るお店や、冷凍食品があるのです。既製品はけっして手抜きではなく、必然的に生まれた存在です。

だから、深呼吸して「手作りの呪縛」を手放しましょう。

どうしても抵抗がある人は、レトルトパウチ食品などの常温でも劣化しないものとカット野菜は避けます。多くの薬品を使っているからです。あくまで、安心できる産地の商品、しっかりした原料・材料の商品を選んで使えば大丈夫です。

既製品を使って、早くておいしい料理

缶詰やたれ、粉末だしを使うと、効率的なだけでなく、仕上がりもおいしくなります。なぜなら、複雑で深みのある味を出すために、**メーカーが日々研究、調合した賜物だから**です。

たとえば焼き肉のたれ。原材料を見ると、「しょうゆ、砂糖、りんご、レモン、黒みつ、白ごま、ごま油、はちみつ、もろみ、香辛料、にんにく」など、たくさんの隠し味が入っているのがわかります。

一般家庭でこれらを調合するのは無理な話。既製品に頼って、いつもよりもおいしい料理に仕上げてみませんか？　次に、おすすめの既製品をご紹介しましょう。

缶詰のトマトソース

肉や魚を焼いてからソースを入れて、軽く煮込むだけで1品できあがり。水分が足りなくなったら、野菜ジュースやトマトジュースを入れ、塩で味を調えます。本当に時間がないときは、缶詰のトマトソースをかけるだけでも充分おいしくできます。

粉末のおでんの素

じゃがいもや玉ねぎ、ソーセージなど、好きな具材を入れて煮込むだけ。和風でやさしい味になります。翌日は味がしみ込んでもっとおいしくなります。炊き込みごはんや茶わん蒸し、うどんや鍋に入れてもおいしいですよ。

カレーうどんの素

うどんはもちろん、チャーハンやパスタ、タンドリーチキンとも相性抜群です。カレー風味になり、だしが効いておいしくなります。

焼き肉のたれ

肉や魚に焼き肉のたれをからめておき、帰宅したらカルパッチョにしたり、サッと焼いたりしただけでも絶品です。青椒肉絲《チンジャオロース》や野菜炒めにもぴったり。すりおろししょうがを加えてしょうが焼きにも。肉じゃがの隠し味にも使えます。

和風ドレッシング

和風ドレッシングは、鶏のむね肉や白身魚など、白く淡泊な食材に和風のさっぱり感がよく合います。炒め物や、マヨネーズの量を減らしたポテトサラダ、和風パスタの味つけにも使えます。

お気に入りは、ささみにフォークで穴をあけて、和風ドレッシングをかけて数時間マリネしておくこと。表面だけサッと焼くと食感がもっちりして絶品です。

ごまだれ

いんげんやほうれんそうのごま和えにはもちろん、ラー油をちょっと足すと冷しゃぶサラダ、薬味たっぷりの冷や奴にもぴったりです。マヨネーズと和えるとディップになり、ごまだれ2に対して、酢1を入れるとごまドレッシングにもなりますよ。

冷凍ぎょうざ

スープや鍋に凍ったままポトンと入れるだけ。よいだしも出て、子どもが大好きです。添加物が気になる場合は、安心できるお気に入りの中華料理店の生ぎょうざをお持ち帰りして冷凍しましょう。

朝ごはんのルール

毎朝食卓に出すものは、1か所にまとめる。

朝ごはんのたびに
あれこれ探すのは時間のムダです。

ここでは、朝ごはんの準備のお話です。

以前は、ギリギリまで寝て、起きたらメイクや服装を決めるのにバタバタとして、朝ごはんは飲み物だけで済ませていました。

しかし、家庭のことを考えるようになり、朝ごはんを食べ始めたところ、貧血気味だった体はすこぶるよくなってパワーがみなぎり、午前中の仕事量がグンと増えました。

いまでは、**朝ごはんがその日のコンディションを作る**といっても過言ではないと思っています。

実際、起床時は血糖値が下がった状態なので、脳もエネルギー不足です。何も食べずにいると、体温低下、集中力欠如、作業能力低下を招きます。

最高の朝ごはんタイムを迎えるためのルールは次の４つ。

①「朝のお供セット」を作る

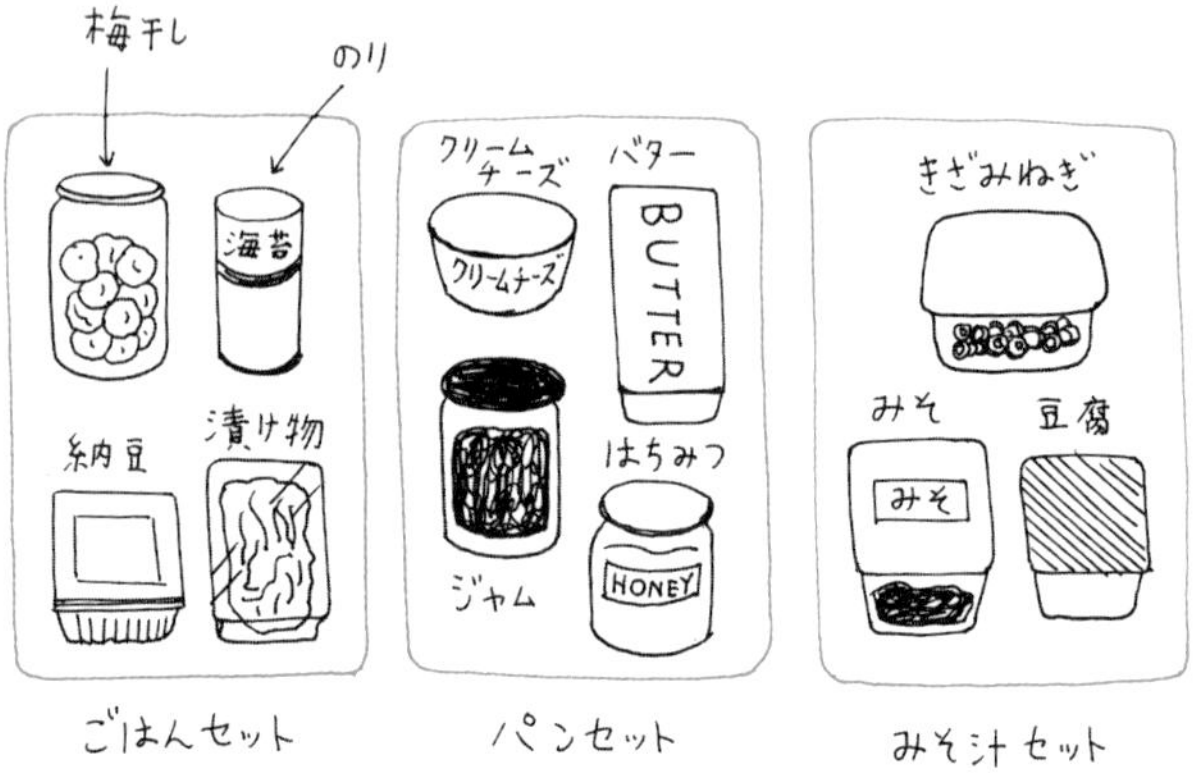

② すてきなお皿やカップを使う

③ トレイやおぼんを使う

④ 夜の10分を利用する

①「朝のお供セット」を作る

我が家は、納豆をこよなく愛すパートナーはもっぱら大盛り白米の和食派で日本茶。私は洋食派でコーヒー党。息子はシリアルと牛乳とフルーツ派。見事にバラバラの朝食です。準備が大変そうに思われますが、それがまったく大変ではありません。

冷蔵庫の**「お供セット」**が助けてくれるからです。「お供セット」とは、朝ごはんに欠かせないアイテムを集めたセットのこと。100円ショップなどで売られている取っ手つきストッカー（P119参照）に、毎朝食卓に出すものを入れておきます。取っ手つきだと、1回でガバッと取り出せるので、あれこれ探す手間が省けます。

たとえばパートナーの場合は、納豆、梅干し、漬け物、のりをひとまとめにして「ごはんセット」に。私はジャム やはちみつ、クリームチーズなどをひとまとめにして「パンセット」に。みそ汁の具をまとめた「みそ汁セット」もあります。**毎朝、「これとあれと……」と考える時間をなくすのです。**

冷蔵庫にはいつもこの「お供セット」を入れておきます。ごはんセットは晩ごはんの時間にも登場します。家族に「あれ、どこ？」なんていちいち聞かれることもありません。

② すてきなお皿やカップを使う

結婚式の引き出物などでいただくグラスや食器。特別な日のために棚の奥にしまっておくのではなく、「すてき！」と思える食器こそ、朝ごはんに登場させます。

特別な日なんて1年に1回あるかどうかではありませんか？　もしあったとしても、そのときには棚の奥のお皿のことなんて忘れているはず。ぜひふだん使いに昇格してあげてください。ちょっとした特別感を味わえて、食事の準備もウキウキするものです。納豆などもパックのままではなく、お気に入りの器に移し替えます。食事が楽しくなりますよ。

③トレイやおぼんを使う

各自の朝食はそれぞれ、トレイやおぼんにのせて定食風にセットします。食べ終わったら自分の食器をおぼんのまま台所に下げてもらえるからです。飲み物をこぼしたりしても、おぼんを拭くくらいで済むので、後片づけがラクです。何度も食卓とシンクを行ったり来たりしていたのが、1回で済んで快感になります。１００円ショップでも手ごろなトレイやおぼんはたくさん売られていますよ。

④ 夜の10分を利用する

夜の10分が朝の30分を生み出します。

就寝前に食材と器をおぼんの上にセット。コーヒーやお茶も、湯を注いだらすぐに飲める状態にしておきます。果物は変色しないものだけカットしておきます。

朝は湯を沸かしてお茶とコーヒーに注ぐ。パンをトースターで焼く。シリアルを器に入れる。たった、それだけのこと。なんだかできそうな気もちになってきませんか？

朝は戦争状態です。みんなピリピリしています。けれどある日「自分と家族の朝を決める権利は私にある」と実感したときから、意図的に朝のゆとりを作り、家族の好きなものを出すようになりました。

1日をハッピーに過ごせるだけでなく、**効率的に朝をまわせた自分を誇らしく思えるはずです。**

晩ごはんのルール

食べる時間がバラバラな日は、「出すだけ・温めるだけ」にする。

パスタ料理と揚げ物はやめましょう。

一人暮らしでは、自分が食べたいものを食べたいときに食べられます。けれど家庭をもつとそうはいきません。

私は子どもを午後8時に寝かしつけているので、大急ぎでごはんを食べさせて、お風呂に入れて、ベッドに入ります。自分の食事は子どもが寝てからです。パートナーの帰宅は10時過ぎなので、その時間に食べると太りますし、待たずに食べてしまいます。

つまり、子どもが食べて、自分が食べて、パートナーのぶんを用意して……と**夕食を3回も作らなくてはいけません。**なんだか、ごはんばっかり作ってる……なんて思いますよね。

こんな「時差あり食卓」を効率的にまわすためには、料理をできるだけ「手間のかからない」状態にしておくことです。通常、1回の調理に費やす時間は1～2時間。そのあとの準備にはできるだけ時間はかけたくありません。

手がかからずに済む3つのルールを紹介しましょう。

①「出すだけ」の献立にする

準備にいちばん時間がかからないのは「出すだけ」で済むメニューです。刺身やサラダ、冷たいスープ、豆腐や納豆に漬け物、和え物など、そのまま出すだけでよいメニューを取り入れましょう。

②「温めるだけ」の献立にする

シチューやカレー、スープ、煮物などの、温めればすぐに出せるメニューを増やします。

みそ汁は何度も火を入れると濃くなるので、薄めに作っておくとよいでしょう。温かいおかずがあると、それだけで何だかホッとするものです。

③「一歩手前のところ」で調理をやめる

ハンバーグや肉料理は、完全に火がとおる前で止めておきましょう。あとで温めたり、焼きなおしたりしても、おいしく食べられるからです。完璧に加熱した肉を温めなおすと、水分が飛んでパサパサになったり、硬くなったりします。

魚料理は煮魚がおすすめです。

この3つが「時差あり食卓」を円滑にまわすポイントです。献立を考えるときの参考にしてください。

また、避けておきたい献立も紹介しておきます。

パスタ料理は避ける

ゆでたパスタを温めても、伸びてしまって汁気がなくなり、おいしさは半減。だからといって、その都度パスタをゆでるのも気が滅入《めい》ります。パスタは、家族全員がそろっているときに出しましょう。でも、ペンネは時間がたって温めなおしても、そうかんたんに伸びません。以前働いていた飲食店では、パーティーメニューによくペンネアラビアータやミートソース和えを出していました。時間がたってもおいしく食べられるからです。

揚げ物は避ける

レンジで温めなおすとベタッとしてしまい、揚げたてのおいしさにはなりません。でも油を予熱して、毎度揚げるのも面倒です。どうしても揚げ物にしたい場合は、スプレータイプのオイルをシュッとふきかけトースターで焼けば、揚げたてに近いサクサク感が出るので、ぜひお試しを。

何度も準備するのは面倒だけれど、やっぱり家族にはおいしいごはんを食べてほしい。手は抜きたくないという人も多くいると思います。

けれど、それで自分を追いつめてしまうのは損な話です。だから私はためらわず既製品を使うこともおすすめしています（P90参照）。

保温しっぱなしのカチカチごはんよりも、レンジでチンするレトルトの白いごはんのほうがよいではありませんか。ちなみにレトルトの白いごはんは、炊きたてを再現するために、お米の粒も立っていて、ふっくら仕上がるように作られているのです。

考えない台所

冷蔵庫編

CHAPTER 4

冷蔵庫のルール

中身を全部出して、自分の目で見る。

自分に必要な食材を、
目で見て確認しましょう。

この章は、冷蔵庫の収納や冷凍庫の活用についてのお話です。

胸を張って「冷蔵庫はいつもきれいです！」といえる人なんて……、ほとんどいません。料理教室の生徒さんも「冷蔵庫がぐちゃぐちゃ」「ものが取りにくい」「入りきらない」など、悩みを抱えている人が多くいます。

友人に冷蔵庫を見せてほしいと伝えたところ、けんもほろろに断られました。冷蔵庫を見せるということは、下着を見せるようなものなのです。

台所まわりで、冷蔵庫はいちばん個性が出ます。他人はのぞかないので、甘えが出る場所なのですね。

けれど、冷蔵庫は「食」を保存する場所。ここが**料理を支える主要ターミナル**です。冷蔵庫が交通整理されていれば、もっとスピーディーに調理が進みます。

そう考えると、一度見直す必要があると思いませんか？　まずは、いちばん気になる冷蔵庫収納のルールについてお話ししましょう。

私が考える使いやすい冷蔵庫とは、

・見やすい
・取り出しやすい
・掃除しやすい

あたり前に聞こえると思いますが、これが意外とむずかしいのです。

この3つが整うと、食材をあますことなく使えて、調理がスムーズに、そして冷蔵庫を開けている時間が短くなります。

そのためには、冷蔵庫には本当に必要なものだけを残し、**少しスカスカぐらいにするのが目標。**そうすれば全体が見渡せて、必要なものを取りやすくなります。また掃除もしやすく、食材もよく冷えますし、ケーキなどの急ないただきものや、作りおきをすぐに入れられます。

それでは、冷蔵庫をスカスカにするためにはどうすればよいのか。

ルールはとてもシンプルです。

①中身をすべて出す
②ジャンル別に分ける
③収納する

まずはこの順序で進めましょう。

①中身をすべて出す

まず、冷蔵庫のなかにあるものをすべて取り出してください。冷蔵庫の一角だけではだめです。全部出すのが重要です。

いまの自分が、ためていた食材や調味料の全体像を把握することが大事なのです。

おそらく、ほとんどの人が「うちの冷蔵庫ってこんなにものが入っていたんだ……」と思うはずです。

「うちはものが少ないから大丈夫！」といっていた生徒さんの冷蔵庫からは、使いかけの野菜やハーブが奥底から化石になって発見され、賞味期限切れの調味料がたくさん出てきました。自信のある人でもこの状態です。1回トライしてみましょう。

取り出したら、アルコール除菌スプレーをふきかけて掃除してください。気分もスッキリしますよ。

②ジャンル別に分ける

次に、ジャンル別に食材を分けていきます。たとえば次の要領です。

- **肉・魚・ハムやソーセージなどの加工品**
- **たまご**
- **チーズ・バターなどの乳製品**
- **ドレッシングやたれ**
- **チューブ類（わさび・からしなど）**
- **小さい付属品（納豆のたれやからしなど）**
- **大きい調味料**

- **小さい調味料**
- **朝食・夕食で、食卓登場率の高いもの（納豆や漬け物などのごはんセット、バターやジャムなどのパンセット）**
- **みそ汁を作るときに使うもの（わかめやみそなど）**
- **調理済みの残り物**
- **飲み物（ビール・お茶など）**
- **野菜**
- **その他**

賞味期限が切れているものは捨てて、本当に使うものだけを残します。
捨てるかどうか迷う食材は、本当に必要かどうか10回、自分に尋ねてみましょう。

③ 収納する

分類したら、いざ収納です！
奥が深い冷蔵庫の収納。次ページからじっくりお話しします。

冷蔵庫のルール

野菜室は「立てる」「まとめる」でスッキリさせる。

鮮度を保ちながら、
使いきることができます。

さて、ジャンル別に分けたら、次は収納です。野菜室から見ていきましょう。

野菜室は、とにかく「立てる」「まとめる」のルールでスッキリさせます。重ねてはいけません。重ねたら最後。化石への道まっしぐらです。

根菜類

じゃがいも、玉ねぎ、さといも、さつまいも、丸のままのかぼちゃなどは、冷蔵庫でなくても大丈夫。けっこう場所を取るので、真夏以外は冷暗所で保存します。できれば新聞紙にくるみましょう。土のかわりになって、鮮度を保てるからです。野菜専用のストッカーや保存袋を利用するのも手です。

もし保存場所に迷ったら、食料品売り場の野菜コーナーを参考にするのがおすすめです。もちろん使いかけは、どんな野菜でも冷蔵庫へ。

たて長の野菜

きゅうり、アスパラガス、小松菜、長ねぎ、白菜、ほうれんそうなど、**たてに長い**

野菜は「立てて」保存します。育った環境に戻してあげるイメージです。そうすると、場所も取らないうえに長もちします。葉野菜は、ぬらして固くしぼったペーパータオルを巻いてフリーザーバッグに入れておくと、さらに鮮度が保てます。じょうずに立てられない場合は、ペン立てや半分にカットした牛乳パックを使うと立てられますよ。また、ブックスタンドを利用すると大きめの野菜のほうれんそうなども倒れません。

● キャベツ、レタス、トマト

キャベツは芯を切り抜き、乾燥防止のために、水を含ませ固くしぼったペーパータオルを詰めます。芯を下にした状態でポリ袋に入れて保存しましょう。

レタスは切ったところから変色するので、芯は取りません。湿らせて固くしぼったペーパータオルに包み、芯を下にして保存します。

トマトはへたから腐るので、へたを下にして保存します。袋詰めされたトマトをそのままにしておくと、へたが別のトマトの果肉に接触し、そこから腐る原因となります。

きのこ類

しいたけは石突《いしづき》（根本の硬い部分）を取り、水気をよく拭きます。水がつくとべたつき、傷みやすいからです。軸がついていたほうを下にしてフリーザーバッグに入れます。

ほかのきのこ類も同様に、カサを上にしてフリーザーバッグに入れて保存します。

薬味類、使いかけ野菜

カットしたしょうがやにんにくなどの薬味類は小さくてバラバラになりやすいので、プラスチック容器に入れて「薬味セット」を作るとよいでしょう。香りも強いので密閉しておくのがベストです。

また、にんじん1／3本や、玉ねぎ1／2個など、使いかけ野菜はひとまとめにします。プラスチック容器やフリーザーバッグに入れて、**「早く使いきりたいコーナー」を作りましょう。**いちばん目立つところに入れておきます。

冷蔵庫のルール

食材が輝く特等席を決める。

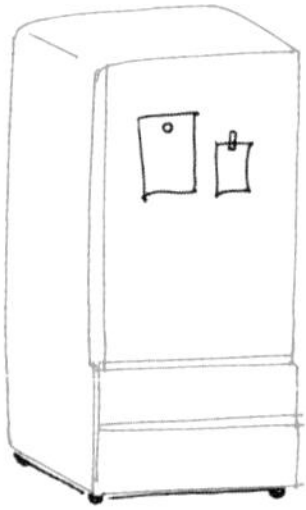

いつもの場所を決めれば
あれ、どこいった?
がなくなります。

そしていよいよ、いちばん開け閉めの多いメインの冷蔵室の収納です。

ごはんを作るたびに、食材を大捜索していませんか？　この間買ったはずなのに……とあきらめた翌日に見つかったりすると、がく然としますよね。もちろん探す時間もムダです。

効率的な冷蔵庫にするためのルールは**食材の「特等席」を決める**こと。あれ、どこにしまったんだっけ？　をなくし、２度買いを防ぐためにも、ジャンル別にいつもの場所を決めてしまいましょう。

また、ぜひ用意してもらいたいのが、取っ手つきのストッカー。これに入れておけば、一気に引き出せて、奥に入れた食材も行方不明になりません。１００円ショップでも売っています。

次に食材たちが力を発揮する、それぞれの特等席を紹介しましょう。

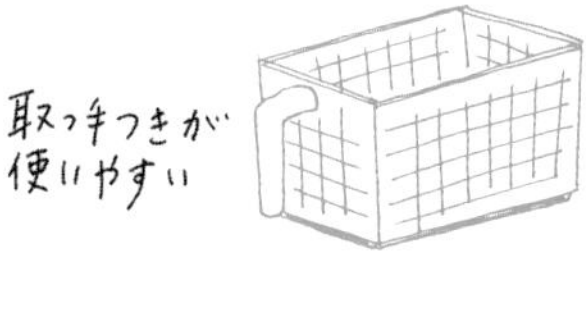

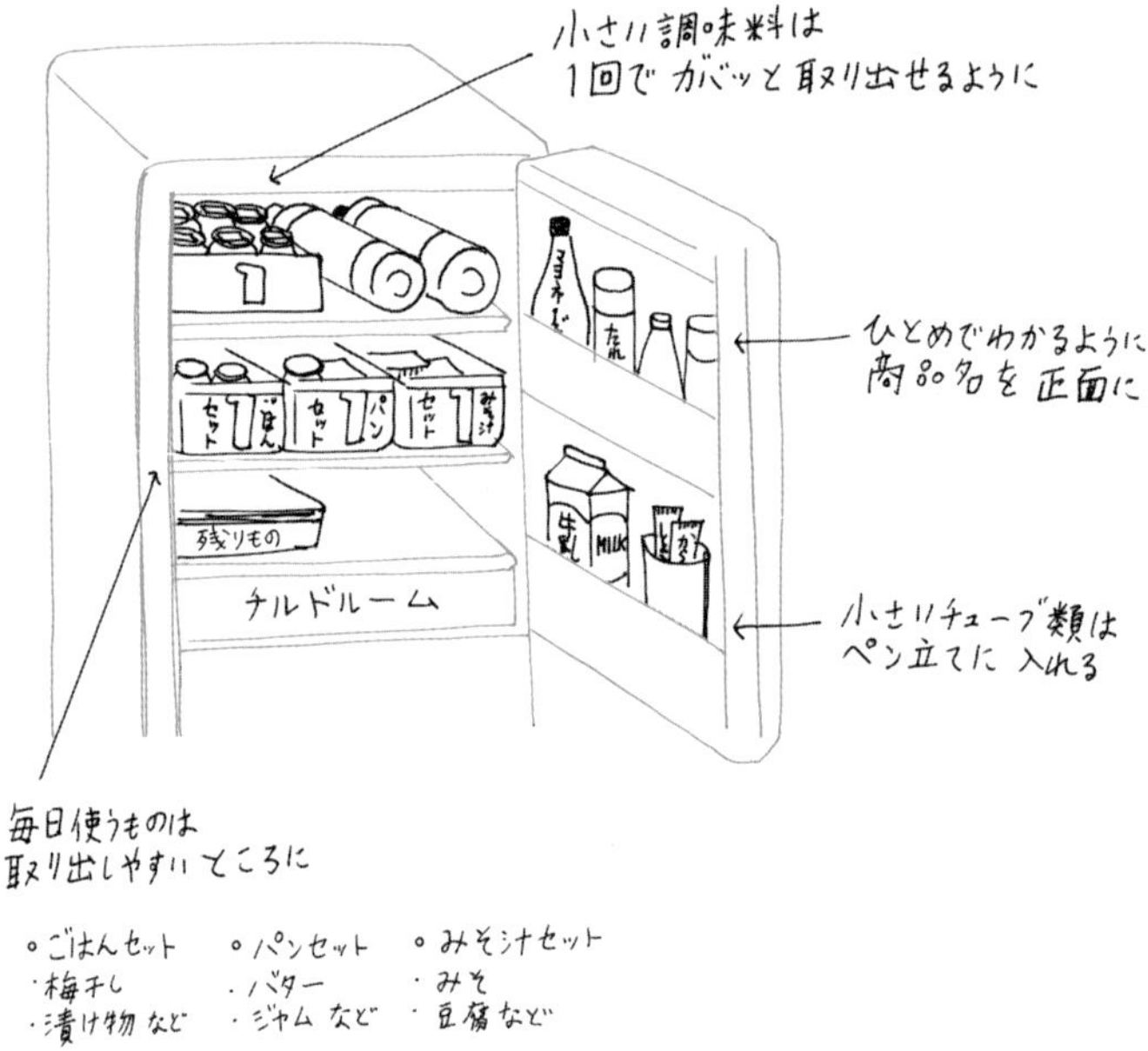
小さい調味料は
1回でガバッと取り出せるように
ひとめでわかるように
商品名を正面に
残りもの
チルドルーム
MILK
小さいチューブ類は
ペン立てに入れる
毎日使うものは
取り出しやすいところに
○ごはんセット
・梅干し
・漬け物など
○パンセット
・バター
・ジャムなど
○みそ汁セット
・みそ
・豆腐など

いちばん上の段に入れるもの

・ペットボトルや飲み物

大きいペットボトルは寝かせて入れます。**ペットボトルをドアポケットに入れると、あっという間にスペースがなくなる**からです。また、麦茶を作りおきするご家庭は多いと思いますが、横にしてももれないボトルに入れましょう。そうすれば上段だけでなく、野菜室に入れることも可能ですよ。

バラバラになりやすい小さいパックジュースや缶コーヒーなどは、取っ手つきのストッカーに入れて上段に置きます。

・小さい調味料

ラー油などの小瓶に入った調味料は、すべて取っ手つきストッカーに入れ、上の段に入れます。出すときは**1回でガバッと取り出せるようにします**。瓶のふたにラベルを貼っておくと、上から見たときに一目瞭然で必要なものがわかります。

また、使用頻度の高い調味料、低い調味料に分けておくと、さらに選び出すスピードがアップします。

こまごました調味料をドアポケットに入れてしまう人がいますが、これだとラベルが見えなくなってしまい、何の調味料かをいちいち確認しなくてはいけません。ストッカーに入れてまとめて収納しましょう。

チルド室に入れるもの

・肉・魚・ハムやソーセージ

液がもれないようにしっかりと袋を密閉して保存しましょう。

・乳製品（バター・チーズなど）

ひとまとめにしてチルド室へ収納します。においがつきやすいので、脱臭剤を入れておくとよいでしょう。たいていのチルド室は引き出しタイプで中身が見えにくいので、存在を忘れがちです。ここには、**これらしか入れないと決めましょう。**

真ん中の段に入れるもの

そして、いちばん取り出しやすい高さの、真ん中の段がとっても大事。ここには、

毎日使うもの、よく使うものを入れます。

・たまご

たまごポケットが備えつけられていない場合は、専用のたまごケースに入れて、取り出しやすいところに置きます。割れるリスクを減らすために、目線の高さよりも低い場所がよいでしょう。冷蔵庫のなかでたまごが割れる以上に悲惨なことはありません。におい、べたつきのもとになるからです。

・「朝のお供セット」

P98でご紹介した「朝のお供セット」も、いちばん取り出しやすい段に入れます。梅干しや漬け物などの「ごはんセット」、ジャムやバターなどの「パンセット」など、毎朝必ず使うものをまとめて取っ手つきストッカーに入れておけば、選び出す手間が大幅に省けます。

・「みそ汁セット」

みそや豆腐など、みそ汁によく入れる具材をまとめておきます。みそ汁を毎日作るご家庭は多いと思います。いちばん取り出しやすい真ん中の段に入れましょう。

・残り物

あいたスペースは**無理に詰めずに「残り物コーナー」**にします。

残り物はふたが閉まる容器に入れましょう。重ねて収納できてスペースをムダにしないからです。

そして、よく見えるところ、取り出しやすいところにまとめましょう。残り物は、鮮度を考えていちばん先に食べてしまいたいので、目立つ場所にセットし中身がわかるようにラベルを貼っておくとよいでしょう。

●ドアポケットに入れるもの

・牛乳パック、大きい調味料、ドレッシングやたれ

ドアポケットには牛乳パック、ドレッシングやたれ、マヨネーズなど背の高い調味料を入れます。調味料はラベルを前にして、お店の商品棚のように見やすくしましょう。背の低いものが前、高いものが奥。これが鉄則です。

・チューブ類

チューブに入ったわさびやからしなどは、小箱から出して、ペン立てに入れてからドアポケットに収納です。

チューブ類は、すでに大体のご家庭でドアポケットに入っていると思いますが、倒れていたり、バラバラになったりしていませんか？　ペン立てに入れて1か所に保管しておけば、重複して買ってしまうこともありません。

・小さい付属品

納豆のからしやたれ、パックの寿司についていたしょうゆ、わさびなどの付属品は小さいケースに入れてドアポケットのいちばん上へ。お弁当に添えたいときに活躍します。

以上が、食材たちが輝きをはなつ特等席です。

このようにジャンル別に分けて、決まった場所に置いておけば、**使ったあとも、もとに戻しやすくなる**のです。

冷凍庫のルール

冷凍庫は6つに区切って、立てて保存する。

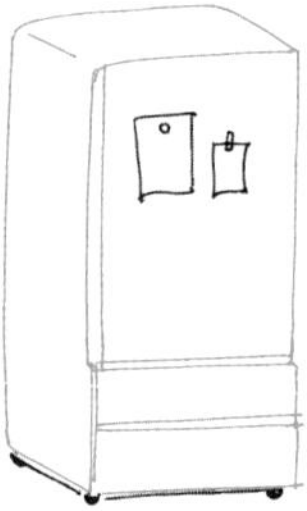

使いきれずに
捨てることがなくなります。

冷蔵庫の次は、冷凍庫のお話です。

いろいろな人の冷凍庫を見てきましたが、使いこなしている人はほとんどいませんでした。作った料理を凍らせてみたものの、いつ作ったものかわからなくなって捨てる人。買ってきた冷凍食品をそのまま放り込んでいるだけの人。ぐちゃぐちゃで収拾のつかない状態になっている人。

冷凍庫は凍らせるだけの場所ではありません。私は、**ラクをしながらおいしさを保てる部屋**だと思っています。冷凍庫の発明をした人に、心から感謝しているほどです。毎日の食事、お弁当作り、料理教室の食材保存など、冷凍庫がなければ、私は疲労で死んでいることでしょう（笑）。

冷凍庫をじょうずに使うと、節約にもつながります。まずは収納のルールから見ていきましょう。

基本的な冷凍庫の使い方

手作り惣菜の冷凍は、2週間以内に食べきります。 長期間保存していると、冷凍焼けが発生するからです。冷凍庫を開けると空気が入り、食材が溶けて水分が出ます。その水分が凍り、食材のまわりに霜のようにくっつきます。このくり返しで食材がひからびてしまった状態が冷凍焼けです。腐るわけではありませんが、2週間以上たつと味が劣化するのはそのためです。

また、製氷機の氷に嫌なにおいがつく原因にもなります。

冷凍庫をじょうずにまわすために、見やすくて取り出しやすい冷凍庫にする必要があります。

そのためには次のポイントを押さえましょう。

①「何の惣菜か」「いつ作ったのか」をわかるようにラベルを貼る

惣菜や食材の名称と、冷凍した日付をラベルシールに記入して貼りましょう。プラスチック容器の場合はふた、もしくは容器の側面に、フリーザーバッグの場合は封入口に貼りつけます。立てた際に見えるようにするためです。

② フリーザーバッグは平らに冷凍する

フリーザーバッグは空気を抜いて、中身をぴっちり伸ばし、フリージングコーナー（P131）を使って平らになるよう冷凍します。庫内でまっすぐ立つようにするためです。

③ 立てて保存する

平らにしたフリーザーバッグは立てて横並びにします。容器や市販の冷凍食品も同じです。**立てて冷凍保存が鉄則**です。

積み重ねるのは厳禁です。あっという間に何をどこに入れたのかわからなくなります。すぐに書物を探し出せる図書館の棚をイメージしましょう。

あるご家庭では、市販の同じ冷凍食品が3つ出てきました。どれも使いかけ。それだけ、在庫の管理ができていなかった証拠ですね。

冷凍庫を6つに区切る

それでは、どこに立てて入れていくのか。

まずは種類別に定位置を決めます。庫内を **①肉　②魚　③手作り惣菜・下ごしらえ野菜　④市販の冷凍食品（野菜類）　⑤市販の冷凍食品（肉類）　⑥パン・ごはん、**以上の6つに区切って、それぞれを立てて入れていきます。

こうすれば、「あの冷凍品どこいった?」が激減するはずです。

あきスペースができても、無理に詰めないで。少しあいているくらいのほうが、急ないただきものなどを入れられます。

急速フリージングコーナーを活用する

ご自宅の冷蔵庫には、急速フリージングコーナーは備えつけられていますか？　もしあるなら、ぜひ活用してください。ない場合は、冷凍庫の一角にステンレス製のトレイや板を入れてみましょう。これで急速フリージングコーナーのできあがりです。

急速フリージングは、その名のとおり、急速に一気に冷凍するものです。熱伝導にすぐれたステンレスを入れることで、さらに温度が下がり、食材の味や鮮度、栄養素をぎゅっと閉じ込めてくれるのです。

フリーザーバッグに惣菜を入れて、すぐに冷凍庫へ入れても立ちません。グニャグニャの形で凍ってしまいます。まずは急速フリージングコーナーで1枚の板のように凍らせてから冷凍庫へ入れましょう。

冷凍なんて味が落ちると思っていたら大間違い。冷凍庫はおいしさを閉じこめてくれる魔法の部屋なのです。

冷凍庫のルール

肉は小分けに冷凍し、葉野菜はゆでて冷凍する。

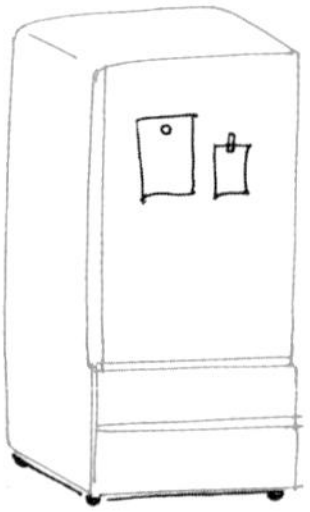

スーパーから買ってきたまま冷凍してはいけません。

何も考えずに食材をそのまま冷凍していませんか？　じつは食材別に適した冷凍の仕方があります。ここでは、食材別の冷凍ルールをご紹介しましょう。

● 肉

スーパーで**パックされた状態のままで冷凍はしません。**スペースのムダ使いですし、冷凍焼けのもとになります。薄切り肉、バラ肉、ひき肉はそれぞれ1食分に分けて、空気にふれぬようラップフィルムでぴっちりと包み、フリーザーバッグに入れて冷凍します。

● ごはん

炊きたてのおいしさを閉じ込めたいので、温かいうちに小分けにしましょう。ごはん冷凍保存容器、もしくはラップフィルムに包んで冷凍します。2個ぐらいのストックで充分です。

● 惣菜やパスタソース、カレー、シチューなどのルー

ラベルを貼ったフリーザーバッグに入れて、空気を抜いて平らにしてからフリージ

ングコーナーへ。凍ったら冷凍庫へ立てて保存（P129参照）。ブックスタンドなどを利用し、倒れないようにすると見やすさをキープできます。

ゆでた野菜（じゃがいも以外）

フリージングコーナー内のステンレストレイにオーブンペーパーをしき（しかないとステンレスにくっつきます）、食べやすい大きさに切ったゆで野菜を並べてフリージングコーナーへ。凍ったらフリーザーバッグに入れます。ゆでた野菜をそのまま袋に入れて冷凍すると、大きなかたまりで凍ってしまうので注意です。

ゆでた葉野菜（小松菜やほうれんそうなど）

塩ゆでして水気を切り、そのままラップフィルムに包み、フリーザーバッグに入れて冷凍庫へ。カットした葉野菜はフリージングコーナーで凍らせてからフリーザーバッグへ入れます。

パセリ

よく洗い水気を切って葉先だけをちぎり、空気をたっぷり含んだフリーザーバッグに入れて冷凍。凍ったら袋ごともんで、そのまま使えます。空気を抜いてしまうと、パセリが縮んでカチカチに凍ってしまいフワフワになりません。
茎を別に冷凍しておくと、煮込み料理の風味づけとしても使えますよ。

にんにく、しょうが

にんにくは、皮をむいてまるごと冷凍。使うときは半解凍してカットするか、凍ったまますりおろします。しょうがは、皮をむきスライスして冷凍。使うときはそのままカットするか、凍ったまますりおろします。

ねぎ、万能ねぎ、みょうが

ねぎ類は、小口切りにして冷凍。みょうがは、みじん切りにして冷凍。どちらもそのまま使えます。

冷凍庫のルール

冷凍品の賞味期限を、カレンダーで「見える化」する。

冷凍品をごみに出すのは
卒業しましょう。

冷凍した野菜や肉、惣菜、ごはんなど、ちゃんと食べきれていますか？　おそらく、冷凍したことも忘れて、大掃除の際に処分しているのでは？　そして、「ああ、またやっちゃった……」と、落ち込む人も多いと思います。

ここでは、**ごみ化させない冷凍品のルール**についてお話ししますね。

料理教室を主宰していると、試作品や下ごしらえの冷凍、日々の食事の冷凍など、大量に冷凍庫を活用します。しかし、いくら記憶力に自信があっても、全部覚えておくのは無理だと悟り、「冷凍カレンダー」をつけることにしました。

冷凍カレンダーとは、作って冷凍した日から、1週間もしくは2週間と期限を決め、カレンダーに賞味期限の日を書き込むものです。つまり、**冷凍品の在庫と賞味期限の「見える化」**です。

手作り惣菜でも、冷凍すればある程度日もちしますが、期限は自分で設定しましょうね。P128でもお伝えしたとおり、2週間がおいしく食べられる目安です。

たとえば今日が4月1日なら、2週間後の4月14日のカレンダーの欄に「白いごはん2人分」と書き込み、使い終わったら次々と消していきます。

この消す作業が、快感でたまらないのです。

冷凍品をうまく使いこなしている自分。

時短できている自分。

もう1品、食卓に出せている自分。

モチベーションが上がり、もっと使いこなそう！　というエネルギーがわいてきます。

それに、調理や下ごしらえが終わっている料理が1品でもあれば、気もちがラクになり、献立も決めやすくなりますよね。

もちろん、カレンダーではなくメモでもかまいません。要は、いま、冷凍庫にある在庫とその賞味期限がわかればよいのです。

今まで**眠らせておくだけの場所**だったのを、じょうずに**まわせる冷凍庫**へと変身させましょう。

冷凍品がたまってしまったら

陥りがちなのが、冷凍品が増えるばかりで減らない状況。どんどんスペースもなくなっていきます。

そんなときは、**冷凍品をメインにした献立を考えましょう。**1回でグンと在庫を減らせます。

ただ、いろいろな冷凍庫を見てきた私が思うのは、みなさん、市販の冷凍食品が多すぎること。なぜこんなに買ったのか尋ねてみると、大体この言葉が返ってきます。

「いざ！　というときに使うと思って」

いざ！　というのは一体いつなのでしょう？

お弁当用にミニコロッケなどの冷凍食品を買うのはわかります。しかし具体的な予定がないのに、冷凍食品を買うのはお金とスペースのムダ遣いですし、大体買ったことも忘れてしまうのがつねです。

本当に必要な冷凍食品なのかどうかを、10回、自分に問いかけてみてください。

考えない台所

収納・片づけ編

CHAPTER 5

台所収納のルール

調理道具は「水まわり」と「火まわり」に分ける。

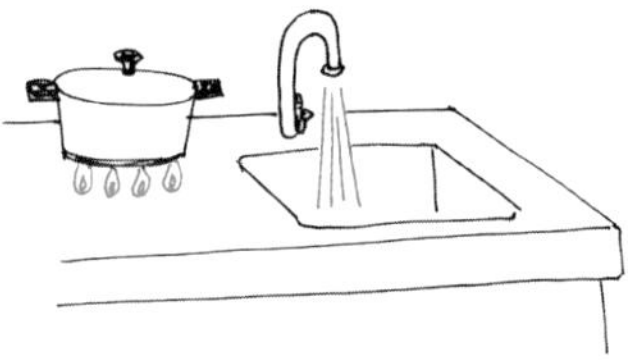

道具や調味料は、
動きに合わせて配置します。

この章では、道具の整理、食器洗い、掃除など、台所周辺の収納や片づけについてお話ししましょう。

まずは台所の収納から。

台所の収納に頭を悩ませている人は多いです。台所がせまくてものが入らない。何をどこにしまえばよいかわからない、など。引っ越したその日に、とりあえず収納したままという人も多いのではないでしょうか。

収納の専門家が台所収納をレクチャーする番組や本がありますが、いつも腑《ふ》に落ちない点があります。それは、いかに台所をきれいに見せるかに重きが置かれていて、「調理と掃除がしやすい」という視点が抜けていることです。

台所収納とは、見た目がきれいなことがポイントではありません。

道具があるべき場所に配置され、調理と掃除がしやすい台所。これに導くのが正しい収納です。

飲食店の厨房では、料理人が流れるようになめらかな動きで調理しています。なぜならそのとき必要な道具が、つねにベストな位置に置かれているからです。鍋や調味料を取り出すたびにもたついていては、注文をさばききれませんからね。

家庭の台所でも同じこと。自分の動きに合わせて、道具や調味料を配置しましょう。

そのためにはまず、**道具を「水まわり・火まわり」の2つに分けます。**

水まわりでは「洗う・むく・切る」、火まわりでは「加熱する・味つけする」などを行いますから、必然的に両者で使用するものには違いがあります。次の要領で分類してみてください。

水まわりに収納すべきもの

- **洗うときに使う→ボウルやざる　など**
- **むくときに使う→皮むき器　など**
- **切るときに使う→包丁、スライサー、まな板　など**
- **混ぜるときに使う→泡立て器、ゴムべら　など**
- **ごみを捨てるときに使う→ポリ袋、水切りネット　など**

この要領で、水まわりの道具を固めていきます。

ぞうきんと**ふきん**もこのカテゴリーがよいでしょう。洗ったものを拭いたりするからです。

重曹や**除菌・漂白剤などのスプレー**も水まわりで使うことが多いので、近場に収納します。また、ゆでるときに水を使うので、**小型の鍋**は水まわりにあると便利です。

火まわりに収納すべきもの

- **加熱に使う**↓**油、厚手の鍋、フライパン　など**
- **味つけに使う**↓**塩、こしょうやスパイスなどの調味料　など**
- **調理中に使う**↓**フライ返し、トング、菜箸、おたま、味見用のスプーンや皿　など**

この要領で、火まわり関係の道具を固めていきます。

このルールにのっとれば、手を伸ばすと欲しい道具がセットされているレイアウトになっていきます。

台所収納のルール

見えるところに、ものは置かない。

ものがあると、
掃除の邪魔になります。

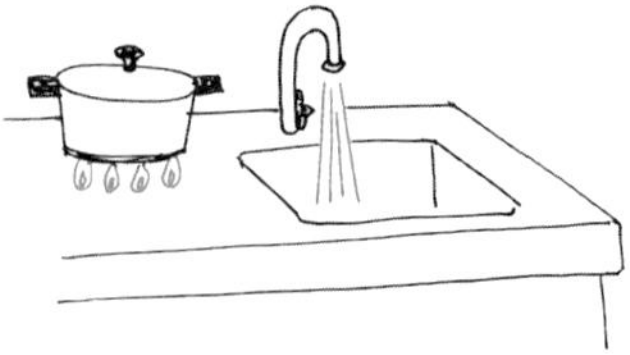

基本的にものはすべて収納します。コンロの横に調味料を置いたり、壁面にフライ返しや鍋を吊り下げたりしません。なぜなら、**ものがあればあるほど、掃除がしにくい**からです。

調理中は油や水が飛び散るので、そこにものがあれば必ず汚れます。でも何もなければシンクや壁面をサッと拭くだけで済むのです。

ある生徒さんの台所は一見きれいでしたが、コンロ横にメインの調味料ケースがズラリと並んでいて、油でギトギト、ほこりだらけ。壁面にかかった調理道具をはずしたら、汚れがこびりついていました。いかに掃除しにくい台所だったかがわかります。

自分が掃除しやすい台所にするために、ものを出しておかないルールを意識してみてください。

それでは、種類別に収納法を見ていきましょう。

調味料

調味料は数が多く、容器の形状もバラバラなので整理しづらいジャンルですが、ここが取り出しやすくなると調理のストレスが激減します。

まず、味つけの際に使用するので、「火まわり」です。できるだけコンロの近くに収納しましょう。

ポイントは**何の調味料なのか、ひと目でわかるようにすること**。

そのためには、「こしょう」「酢」「チリソース」など、名称を記したラベルシールを調味料のふたに貼ります。すると、引き出しを開けたときにどこに何があるかが一目瞭然になるのです。上から見渡せるように、目線よりも低い引き出しがベスト。

ラベルシールを貼る作業は手間ですが、引き出しを開けた瞬間に、何の調味料かが一発でわかって、瞬時に取り出せるのは快感ですよ。手に取っていちいち確認していると、圧倒的に時間のロスになります。

おすすめはシールに印字してくれるラベルプリンター。手ごろな値段で手に入ります。印字された文字は統一感が出て、より見やすくなります。流行のマスキングテープでもよいでしょう。

よく使う**砂糖、塩、小麦粉、片栗粉**は、少し大きめの瓶に入れ替え、計量スプーンを中に入れています。こちらも同じくラベルシールをふたに貼ります。

いちいち袋から移し替えるなんて面倒！　と思うかもしれませんが、調理中に小さじ数杯の砂糖を、1キロの袋からすくいあげるほうが、はるかに面倒だと思いませんか？

詰め替え途中の袋は、クリップで密閉して1か所にまとめます。「1か所」がポイントです。

それぞれ別の場所に収納してしまうと、どこに置いたかわからなくなり、重複して買ってしまう原因になります。「詰め替え用ストックケース」を作って1か所に保管しておきましょう。けっこう場所を要するので、台所から少し離れた場所に置いてもよいと思います。

補充するのが面倒かもしれませんが、数日でなくなるわけではありませんし、それが空《から》になると「使いきった！」という達成感で、案外気もちがよいものです。

鍋、フライパン

「火まわり」に収納です。ただし、小型の鍋は水まわりでもよいでしょう。たまごなど、ちょっとしたものをゆでるのに便利だからです。

鍋とフライパンはそれぞれ、大きいサイズから順に重ねます。ふたは別にして、サイズ順に立たせて収納します。

計るもの

計量スプーン、計量カップ、はかりは、すべてまとめて「計るものセット」として収納します。

●油

いうまでもなく「火まわり」に収納です。コンロ下がベストでしょう。ぜひおすすめしたいのが、**油をシャンプーボトルに移し替える**こと。もちろん、詰め替えボトルとして売られている新品を使います。

シャンプーボトルはプッシュ式なので油が垂れることなく、片手で使えてとっても便利です。2プッシュで約大さじ1。出しすぎや油の使いすぎも防いでくれます。

キッチンペーパーを厚めにしいたストックケースに入れて、引っ張り出せるように収納するとよいでしょう。

●コーヒー、お茶

コーヒーやお茶は、人によって収納の場所が異なると思います。

ただいえることは、コーヒーの粉も、砂糖も、クリームも、急須も、ティーポットも、カップもひとまとめにセットしておくことです。

私はお茶やコーヒーが大好きで1日に何度も飲むので、シンクの上の取り出しやすいところに置いています。

●ラップフィルム、フリーザーバッグ

「水まわり」に収納が理想です。

ラップフィルムは天井や壁に取りつけられている吊り戸棚に寝かせるか、シンク上の棚がよいでしょう。

台所の引き出しは、よく使う調味料や調理道具を入れておきたいので、ラップフィルム類で占領するのは避けます。

フリーザーバッグ類は、箱からすべて取り出しましょう。箱は案外大きく、けっこうな場所を取るためです。スペースが半分以下になりますよ。

箱から出したら、輪ゴムでまとめてペンスタンドなどに立てて収納します。ウエットティッシュのように、中央から引っ張るとスルッと取り出せます。

●保存容器

よく使いますが、フライパンやコップほど登場回数は多くないはず。少し背伸びをするくらいの場所でも大丈夫です。

保存容器は個数が多いはずなので、マトリョーシカ人形のように大きいサイズから小さいサイズの順に重ねます。バラバラと落下しないように、取っ手つきストッカー（P119参照）に収納しましょう。

ふたはふただけで、左から大きい順に立てて収納。これがいちばん枚数が入って、取り出しやすい収納法です。

●箸、ナイフ、フォーク、スプーン

たくさん所有していても、毎日使うのは同じものではありませんか？

だから私は**「レストランセット」を用意**しています。家族の人数分の箸、ナイフ、フォーク、スプーンを小さなかごにセットしたものです。ファミリーレストランやカフェなどで出される、あれです。

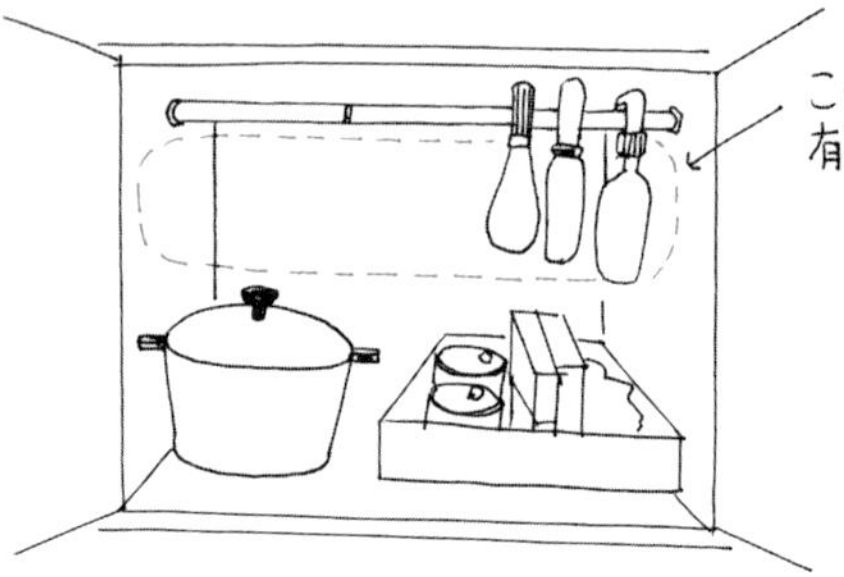

それをそっくりそのまま食器棚にしまっています。食事の際に、食卓にそのまま出すだけ。台所と食卓を行ったり来たりすることもありません。

ふきん、ぞうきん

「水まわり」です。シンクの近くがベストでしょう。**重ねずに、立てて収納**します。使用頻度のかたよりなく使えて、つねに枚数の把握もできるからです。

洗剤・掃除グッズ

「水まわり」です。とくにシンク下がベスト。

もうシンク下には収納しきれない……なんて声が聞こえてきそうですが、シンク下の収納スペースは、たくさんものが入っていても、意外と高さに余裕がありませんか？

そこで突っ張り棒を取りつけて、そこにスプレータイプの洗剤などをひっかけます。デッドスペースの有効活用をしましょう。また段差が生まれる収納ボックスを入れて空間を有効活用するのもおすすめです。

毎日使う**スポンジと食器洗い用洗剤も、洗ったらシンク下にしまいます**。

おそらく多くの人がスポンジ受けをシンクに取りつけていると思いますが、掃除の邪魔です。取りつけたスポンジ受けの下はなかなか手が届かないですし、水あかの原因にも。掃除のたびにはずすのは面倒ですから、最初から撤去します。

台所の収納は、1回やったら終わりではありません。ライフスタイルの変化や家族の人数によって、使う道具や調味料も変わっていきます。ですから、半年に1回見直して、アップデートしてみてください。その都度、調理や片づけがスピードアップするはずです。

台所収納のルール

「いつか使うだろうグッズ」は個数を決める。

収納場所は
台所でなくても大丈夫。

ここでは、登場回数は少ないけれど、捨てられないグッズのルールについてお話しします。

いつか使うだろうグッズ

スーパーやコンビニのレジ袋。百貨店やブランドの紙袋。プレゼントの包装紙、リボン。ジャムのあき瓶。高級なお菓子が入っていた缶ケース。

だれもが思いあたる、いつか使うかもしれないグッズたちです。ぜんぶ捨てろといわれても、そうはいかないものばかり。

これらは**個数を決めてしまいましょう。**

レジ袋はつねに10枚だけ。もしくは専用のケースを決めて、それがあふれたらもうストックしない。

紙袋は大中小を各3個。

包装紙とリボンは10セットまで。

あき瓶は大中小2個ずつ。

缶ケースはすぐに使い道の見当がつかなければ捨てる。

こうして決めておけば、いつ捨てよう？　と考えずに済みます。

また、レジ袋や紙袋、包装紙は、重ねずに立てて収納します。とくにレジ袋はキュッと結ぶ人が多いと思いますが、これがスペースをせまくする理由。きれいにたたんで、立たせて収納しましょう。同じ枚数でも体積が1／5になりますよ。

イベントグッズ、パーティーグッズ

正月、バレンタイン、誕生日、ハロウィン、クリスマスなどで使う、季節のイベントグッズ。

たこ焼き器、かき氷器、ホットプレート、ワッフルメーカー、そば打ちセット、チーズフォンデュやバーベキューのセットなど。

年に何回使いますか？　もしかしたら数年に1回程度では？

これらを台所に収納する必要はありません。こういったグッズは、押し入れだって寝室だっていいのです。箱に入れて、靴箱だっていいくらいです（笑）。

生徒さんのご自宅にお邪魔したときのこと。いちばん使いやすそうな場所にある棚にパーティーグッズをたくさん入れていました。これは「もったいない」の極みです。台所の棚は、本当によく使うものだけを置きましょう。

私の料理教室は、おもてなしをテーマにレッスンすることが多いので、使うお皿や器も多く、製菓用の調理道具もたくさん取りそろえています。また出張料理では、何十人ものお皿が必要になるので、つねに枚数は多めにそろえています。

だから収納場所を確保するのは至難の技なのですが、私の場合、ベランダに小型物置を設置して、そこに使用頻度の低い道具やお皿を収納しています。台所にはよく使うものだけを残しているのです。

みなさんは、そこまでしなくても大丈夫だと思いますが、収納場所がない……と嘆いていたら、**台所から目線を変えて、収納場所を探してみる**のもおすすめです。

台所収納のルール

せまい台所は、「洗う・切る・加熱する」のスペース確保から。

あきらめずに、少しずつスペースを確保しましょう。

「うちの台所はせまくて……」よく耳にする悩みです。いろんな工夫をしようと思っても、どうせ我が家はせまいからとあきらめないでください。ルールを知れば、スペースが生まれて使い勝手のよい台所に変わります。

料理をするうえで欠かせない動作は「シンクで洗う・作業場で切る・コンロで加熱する」です。

つまり、「洗うスペースが充実している」「切って置いておくスペースがある」「コンロまわりがスッキリしている」がポイントです。

台所の作業にイライラしている人は、おそらくそれぞれの場所がせまくて、ストレスを抱えているのではないでしょうか？

ある友人の家に遊びに行ったときのこと。せまいシンクのなかに大きな三角コーナーがドンと置かれ、わずかな作業場には大きな水切りかごがセットされ、２口コンロのまわりにはものがあふれていました。

せまいから、食卓テーブルで野菜を切っているとのこと。これでは行ったり来たりをくり返して、非効率的です。

せまい台所を調理しやすいスペースにする4つのルールをご紹介しましょう。

①シンクには何も置かない
②作業場に水切りかごは置かない
③コンロまわりには何も置かない
④「一時置きスペース」を作る

①シンクには何も置かない

小さなシンクは、洗いものをするのも大変です。スペースを充分に活用したいので、P155でもお話ししたとおり洗剤ラックやスポンジ受けは、シンク下に収納します。すのこ式のラックや小さなざるなどに入れておけば、翌日には乾きます。

使うたびに取り出すのは手間がかかるように思えますが、食事の後片づけなど、量の多い食器洗いは1日2〜3回ほど。ちょっと手を伸ばすだけなので、意外とストレスにもなりません。

三角コーナーも撤去。不要です。

シンク下などにビニール袋を吊り下げて、大きなごみはそこに捨てていきます。食べかすや小さなごみは、排水溝のごみ受けに直接流し入れます。1日の終わりによく水を切って、吊り下げていた袋に入れて口をかたく縛って捨てます。

② 作業場に水切りかごは置かない

せまい作業場に、洗った食器類を入れる水切りかごを置くことほど、もったいないことはありません。作業ができないようなら、撤去してください。

代わりに、折りたたみ式の水切りかごがおすすめです。また、壁面に取りつけられる棚でも、網目状になっていれば水は切れます。

思いきって水切りかごを取りつけずに、乾いたふきんを広げて、そこに洗った食器を積みあげていくのもよいでしょう。

とにかく作業場は、食材を切ったり、混ぜたりする場所として必ずスペースを確保するのが効率化のポイントです。

③コンロまわりには何も置かない

使い勝手がよいからといって、コンロのまわりに調味料やおたま、フライ返しなどを置いている人がいます。

せまい台所では作業しにくいのはもちろん、油が飛んで不衛生です。毎日、調理道具や調味料のケースを拭くなんてことは、現実的ではありません。

コンロまわりにものを置くのはやめましょう。道具や調味料はすべて収納するのがおすすめです。

④「一時置きスペース」を作る

切った野菜や下ごしらえしたもの、合わせた調味料などは、どこに置いていますか？

苦しまぎれに、いろんな場所に置いているのではないでしょうか。ある友人は、切った野菜を近くの洗濯機の上にのせて、その場をしのいでいました。

そこで、一時的にものを置ける場所を、意図的に作ることをおすすめします。小型でパイプ式の棚などを、食材を切るスペースの近くに設置すると便利です。切ったもの、これから火にかけるものなど、下ごしらえ品はもちろん、盛りつけるお皿を一時的に置いたりできる場所を作り出すのです。

もちろん、この置き場所はふだんは何も置かないようにします。

せまい台所だからといって落胆せず、まずは、

「洗うスペース」
「切るスペース」
「加熱するスペース」

この3つを確保するところから始めてみましょう。

片づけのルール

食器洗いは、繊細なグラスから始める。

食器洗いにも正しい順序があるんです。

洗った食器を入れていく水切りかご。いま、何が入っていますか？　何もなければ、完璧です。このページはすっ飛ばしてください。

きのう洗った食器がそのまま残っている人。ごはん茶碗やいつも使うお皿の定位置になってしまい、食器棚状態の人。そんな人はこの食器洗いのルールを習慣にしてください。

水切りかごは、その名のとおり、洗った食器の水を切る場所です。収納場所ではありません。**ここがごちゃごちゃしていると、台所全体が乱雑な印象になり、モチベーションが下がります。**

水切りかごをいつもスッキリとした状態にするには、洗う順序がポイントです。また、拭き方も重要なので、Ｐ１７２とあわせて読んでみてください。

調理道具や食器は、どんな順序で洗っていますか？　ごはん茶碗は水につけておく、油ものは最後に洗う、などは実践されているかもしれませんが、細かくは気にしていないのでは。

ぜひ次の順序で洗ってみてください。

①繊細なグラス、コップ類を洗う
②大きいものを洗う
③小さいものを洗う
④油がついたものを洗う

①繊細なグラス、コップ類を洗う

最初に、繊細なグラス、コップ類から洗い始めましょう。スポンジに油がついていないきれいな状態で、割れやすく繊細なグラスを先に洗ってしまいます。

水切りかごには入れずに、タオルをしいて、洗ったら次々に伏せていきます。水切りかごに入れると、倒れて割れる危険性があるからです。

飲食店ではグラス用のスポンジがありますが、家庭で2つのスポンジを使いこなすのは大変です。まずグラスから洗えば油もつかず、割れることもありません。

②大きいものを洗う

次に、鍋や大皿など、大きいものを洗いましょう。洗ったら伏せてかごに入れていきます。これらの水を切っている間に、先ほどのグラスを拭き、すぐに棚にしまいます。グラスを伏せていたタオルで、大きな鍋や大皿を拭いて、こちらもすぐにしまいます。

大きいものは台所を占領します。まずはスペースを確保するためにも大きいものから洗って、すぐに片づけましょう。

③小さいものを洗う

次に、水につけておいたごはん茶碗や小皿、箸などを洗い、大きいサイズから兵隊さんのように整列させて、水切りかごに置いていきます。

上にどんどん重ねるのではなく、左右に整列させていくことがポイントです。水もよく切れて、たくさんの食器を置けますし、後片づけの時間が短縮できます。茶碗や器はひっくり返して重ねても大丈夫ですが、底の部分は水がたまりやすいのでよく拭きましょう。

④ 油がついたものを洗う

最後に油がついたものを洗い、シンクのなかを洗い、水切りかごに置いたものをすべて拭き上げ、棚にしまっていきます。

いままで無意識に洗っていた人、食器がジェンガのように危うい状態で積み上がっている人は、ぜひこの方法を試してみてください。

食器用洗剤は1回につき1プッシュだけ

さらにお伝えしたいのが、食器用洗剤の使い方です。

1回の食器洗いで、スポンジに何回洗剤を足していますか？　3回？　5回？

ある一人暮らしの友人は、すぐに使いきってしまうので、1リットルの詰め替えボトルを3本も常備しているそうです。全体的にみなさん、洗剤を使いすぎる傾向があります。

食器洗いの途中で、洗剤は足しません。1プッシュの量で充分です。

小さいボウルに洗剤を数滴落とし、水を加えて薄い洗剤液を作ります。水1／2カップに対して、1プッシュぐらいで大丈夫です。これをスポンジに含ませながら洗っていきます。これで充分、汚れは落ちますし、スピードも上がります。

先ほどの友人にこの方法を教えたら、洗浄力がまったく落ちずに洗えて、しかも経済的！　と感動していました。

洗剤はその都度薄めましょう。原液が入ったボトルに水を入れて薄めても、雑菌が繁殖して保存できないのでご注意ください。

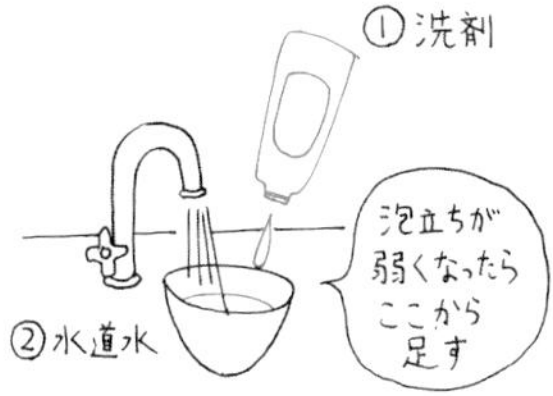

片づけのルール

食器は「乾いたふきん」で拭きあげる。

「ふきんは1枚」という固定観念を取り払いましょう。

食器洗いと切っても切り離せないのが、食器を拭く作業。

「我が家は放置して、自然乾燥しているからお皿は拭きません」

という人がいました。

でも、乾いたあとの食器をもとの位置に戻していますか？　翌日、食器を使うまでそのまま放置していませんか？　あなたに自分の家があるように、食器にも帰る場所があります。

「洗う↓拭く↓しまう」を、習慣化しましょう。


拭き方のポイントは、**乾いたふきんで拭きあげること。**

あたり前のようですが、じつはこの「乾いたふきん」が重要なのです。


重ねたボウルから嫌なにおいがしたり、グラスがくもっていたり……などの経験はありませんか？

それは、拭いたつもりでも、じつはまだ水分が残っていて、そこから菌が繁殖しているからです。とくに気温や湿気が多い時期は、注意が必要です。

ふきんが水分を含んだら、乾いたふきんに取り替えましょう。効率が上がるうえ、調理器具や食器を清潔に保てます。

ビショビショのふきんでお皿を拭き続ける人は意外と多いのですが、**「1回につき、ふきんは1枚」という考えをリセット**してみてください。

食器乾燥機がある台所ばかりではないですし、とくに3人以上の家庭では、調理器具や食器、コップを、1枚のふきんですべての水分を拭きあげるのは不可能です。食器の量にもよりますが、1回で約3枚は使うのでストックは10枚が目安です。4人以上のご家庭なら12枚あれば大丈夫でしょう。洗うのが大変と思うかもしれませんが、1枚も5枚も洗濯するエネルギーは変わりませんよ。

私の料理教室では、毎回、鍋4個、フライパン4個、ボウル30個、グラス40個、皿60枚、カトラリー60本を拭きあげるため、ふきんだけでは追いつかず、厚手のタオルを20枚使います。

☒ どんなふきんがベスト？

ふきんといっても、いろいろな種類がありますが、とにかくけば立たない、しっかりきれいに拭けるものなら、タオルでもクロスでも、どんなものでもかまいません。ただし、小さいサイズではなく、食器全体を包み込めるものがよいでしょう。食器を覆い、両手でしっかりと持って回転させながら水気を拭き取っていきます。10本の指をくまなく使って、器の底や周辺も同時に拭くと効率よく拭き取れます。

グラスの美しい輝きを保つためには、食器用とは別にファイバークロスを使うこともおすすめです。

掃除のルール

汚れない台所は、ぞうきん3枚で作られる。

そもそも、1枚だけで衛生を保つのは無理。

ここでは、台所掃除についてのお話です。毎日、台所が汚れてしまって掃除が大変な人。もしかしたら、それはぞうきんを用意すれば済む話かもしれません。

お寿司屋さんをイメージしてください。

大将はネタを切っては包丁を拭き、まな板を拭き、握っては手を拭き、お客さんと会話をしているときは、調理台やカウンターをいつも拭いていませんか？

お寿司屋さんは鮮魚を扱うので、とにかく清潔な状態を保っているのです。家庭ではそこまでしなくても大丈夫ですが、やはり衛生面には気をつけたいところ。

日本は湿気が多く、とくに汚れやすい台所の水まわり掃除を怠ると、自分自身や家族の衛生と健康に大きくかかわってきます。

でも、毎食後、おおがかりな掃除は必要ありません。強力な洗剤も、不要です。**ぞうきん3枚**さえあれば、台所はいつでも清潔で、ピカピカに保てます。

①蛇口のとなり

それぞれのぞうきんを、

② コンロのとなり

③ まな板（作業場）のとなり

の3か所に置きます。

使い方はかんたんです。それぞれの場所で、**水や油が飛んだらすぐに拭く。**牛乳やしょうゆを含んだ煮汁がふきこぼれたときも、熱いうちにぞうきんで覆いましょう。「あとでやろう。明日、掃除しよう」と思っていると、痛い目に遭います。汚れが汚れを蓄積させて、掃除スプレーを使っても、ちょっとやそっとでは落ちない頑固な汚れと化すからです。つまり台所の掃除とは、「水と油をすぐに拭く」ということ。それが、あとでわざわざ掃除する手間を省いてくれます。

では、なぜ3枚なのか。

実家でも、友人に招かれた先でも、ぞうきんといったら1枚。これですべてをやりくりするのはとても困難でした。

火まわり、水まわり、作業場周辺、そして食卓テーブルを**すべて同じぞうきんで拭**

くのはとても不便なのです。

とくに、火まわりは油が散るので、そこを拭いたぞうきんで食卓テーブルを拭くのは、油を塗り広げているようなもの。かといって、毎回洗って、その都度いろんな場所を拭いていては、とてつもない時間を要するわけです。

毎回の料理で3枚も使うなんて、ちょっともったいない？　と思うかもしれません。でも、1枚も3枚も洗う手間は同じです。１００円ショップなどで低価格のものはいくらでも手に入りますし、こびりついた汚れをあとで時間をかけて拭き取るよりも、よっぽどラクで時間短縮につながります。

最近は、厚手のキッチンペーパーも多く販売されています。洗って絞っても破れないほど、丈夫なペーパーです。こちらを使うのもおすすめです。

洗うのが面倒なとき、私は車用の使い捨てペーパーを使用することも。軽くゆすいでしっかりしぼったあとは冷蔵庫のなかや外、炊飯器や壁を拭きあげて、最後に床の汚れを拭いてポイッと捨ててしまいます。

台所の汚れは、翌日に持ち越さないのがいちばんです。

掃除のルール

油汚れは「重曹」、シンクの仕上げは「から拭き」。

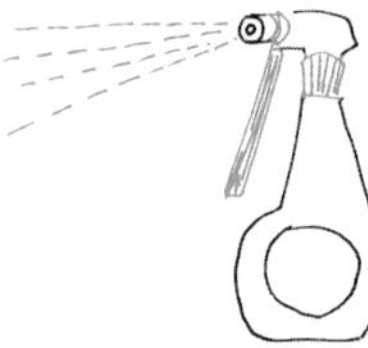

洗剤をあれこれ集める必要はありません。

前項では、3枚のぞうきんを使って、調理中に汚れを残さないルールのお話でした。

しかし、それでも台所は汚れてしまうもの。ここでは汚れてしまったあとの掃除法の紹介です。

特別なグッズは必要ありませんが、「油汚れには重曹」というキーワードだけ覚えておきましょう。重曹は食用にも使えるので安心なアイテムです。

① ゴトク

ゴトクとは、鍋ややかんを火にかける際にのせる台のことです。

油や汁もので、結構汚れます。調理後は、お皿と同じようにゴトクを洗う習慣をつけましょう。

重曹を溶かした水をスプレーボトルに入れ、シュッとスプレーしてスポンジで洗うだけです。もちろん、市販の台所用洗剤でもかまいません。

とくに、**鍋を熱したあと、すぐにスプレーしておくと、油汚れもスルッと落ちます。**

私は調理が終わったらスプレーしておいて、食後の片づけの際に、拭き取ります。

もし、汚れがこびりついてしまったら、ちょっとやそっとでは落ちませんが、専用の掃除スプレーに頼らなくても大丈夫。お風呂の温度くらいの湯に重曹を溶かし、そこにゴトクをつけこむこと約30分。使い古しの歯ブラシなどでこすります。

それでも落ちない場合は、1リットルの湯に対して大さじ1の重曹を加えた鍋に入れて沸騰させます。2時間ほど放置して漬けおき、歯ブラシやたわしでこすると汚れが落ちます。

② シンク

食器類を洗い終わったら、洗剤が残ったスポンジでそのままシンクを洗いましょう。

シンクを毎日洗う人は多いのですが、忘れがちなのが蛇口まわり。私は、蛇口は台所の顔だと思っています。ここがピカッとすると、台所全体が輝いて見えるから不思議です。ぜひここもしっかり洗ってあげてくださいね。

じゃがいもの皮をむいたときは、その皮でシンクを軽く磨きます。水でさっと洗い流すだけで、ピカピカになります。じゃがいものでんぷん質がザラザラしているのでクレンザー代わりになるのです。


そして最後は、から拭き。

シンク内に残った水滴は、そのまま乾くと白い筋になり目立ちます。あの正体は水あかやせっけんのかす。水あかは水道水のミネラルが固まったものです。**から拭きをすれば、この白い筋が現れずに済む**のです。から拭きは5秒で終わります。面倒に思わずやってみましょう。

③ 魚焼きグリル

網や受け皿は食器用洗剤で洗います。

ひどい汚れは、重曹をふりかけて10分ほど放置して、スポンジやたわしでこすると落ちます。

④ 換気扇

理想は3か月に1回の掃除です。つまり年に4回。そう思うとやる気が出ませんか？

一般家庭の換気扇の汚れは、3か月間分なら食器用洗剤で簡単に落とせます。


どうしても年に1回しかできない人は、やはり重曹を使いましょう。

まずは重曹を軽くふりかけて、歯ブラシやたわしでこすります。

それでも落ちない場合は、クリアファイルの端を使って、かき落とすようにこすっていきます。そのあと、ごみ袋などの大きな袋に熱めの湯を入れて重曹を溶かし、ファンや部品をそのまま入れて数時間放置します。ものすごい勢いで油が浮いてくるので、そのあとはタオルで拭き取るとスルッと落ちます。

⑤ キッチンの床

台所にしかれるキッチンマット。あれは不要です。

床につく汚れを防いでいるように思えますが、水や油がしみ込んだマットを踏んだ足が汚れを拾い、歩くたびにそれを広げているのです。

それに、**キッチンマットは、一体いつ洗いますか？**　油や水で相当汚いはずですから、洋服などといっしょに洗濯するのは気が引けます。かといって、わざわざキッチンマットだけを洗うのも面倒です。

油ものを調理する際は、あらかじめ床にぞうきんや新聞紙を置き、作り終わったらすぐにサッと拭きましょう。

その他の場所も、とにかく「使ったら拭く、もしくは洗う」。

そうすることで、クリーンな台所が維持できて、料理を作りたくなる台所に変わっていきます。

ごみのルール

嫌なにおいは、コーヒーと重曹が効く。

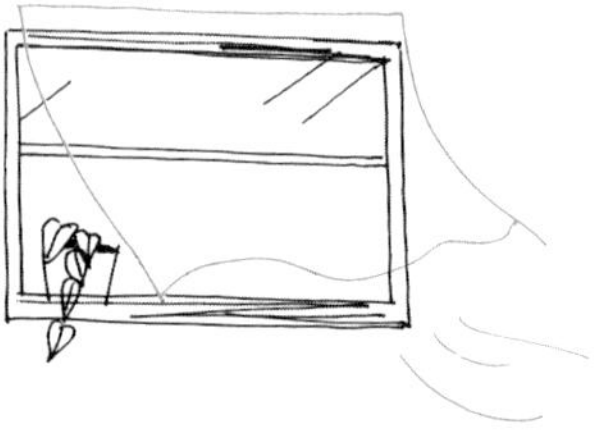

悪臭は台所の気を停滞させます。
徹底的に消臭しましょう。

マンションに住む人は、比較的、いつでも指定のごみ置き場に捨てられますが、そうでない人はごみ収集日まで、ベランダなどに置いておくケースが多いと思います。生ごみや吸い殻、赤ちゃんのおむつなど、においは気になるもの。とくに夏場は虫も発生しやすく神経を使います。

なかには「生ごみを冷凍する」という人もいますが、これから口に入る食品のとなりにごみを入れるのは、やはり抵抗があります。

嫌なにおいは、調理のモチベーションを一気に下げます。だからごみは「においを出さない」。これに尽きます。

ここでは、**においを出さないルール**を紹介しましょう。

① 水気は徹底的に排除する

悪臭の原因は、雑菌。

ごみを捨てる際には、たまごの殻に水が入っていないか。水切りネットやキッチンペーパーの水気はよく切れているか。よくチェックし、しっかりと水気を取ってから捨てましょう。

②魚料理は、ごみ収集日の前日と決める

やはり、魚は悪臭の原因。できるだけ手もとに置かないようにするため、魚料理はごみを出す曜日に近い日に予定しましょう。

③重曹を入れる

重曹は掃除だけではなく、消臭にも効き目があります。ふりかけのようにごみが入った袋にパラパラとかけるだけ。

重曹はアルカリ性です。食材が傷んで放つにおいの物質は酸性のことが多いので、アルカリ性の重曹で中和されてにおいが軽減されます。

生ごみを入れる袋に、あらかじめ重曹をひとつかみ程度入れておくのも効果的。多少の水気なら重曹が吸い取ります。

④ コーヒーの出がらしを入れる

コーヒーも消臭に効果的で、家庭用消臭剤に使用されている活性炭以上に脱臭の効果があるそうです。

やり方はかんたん。コーヒーの出がらしをごみの入った袋にパラパラと入れるだけです。コーヒーをよく飲む人はぜひ試してみてください。

⑤ 袋の閉じ方

汁気が出るごみの場合は、ごみ袋のなかにキッチンペーパーや新聞紙をしき、ごみを押さえながら、空気が入らないように袋をクルクルとねじって縛ります。夏場はもう1枚袋に入れて頑丈に縛りましょう。

魚や赤ちゃんのおむつも、こうして捨てれば問題なし。

十字に縛ると、空気が入ってカサが増し、においももれるのでおすすめしません。

嫌なにおいが漂う台所で、料理へのやる気が起きるはずがありません。悪臭は徹底的に排除して、よい気が流れる台所にしておきましょう。

考えない台所

道具編

CHAPTER 6

調味料のルール

調味料は、週に3回以上使うものを残す。

使いこなせない調味料は処分しましょう。

いよいよ最終章です。ここでは、調味料や調理道具についてお話ししたいと思います。

調味料は何を使っていますか？　こだわる人もいれば、そのときどきで安いものを手に入れている人もいるでしょう。

調味料は味を調える便利なアイテムではありますが、必要以上に購入するとスペースのムダ使いを招きます。週に3回使う調味料だけを残すのがベストです。

ここでは、塩・砂糖のほかに、そろえておくべき調味料を紹介します。

濃口しょうゆ、薄口しょうゆ

しょうゆは紹介する必要のないくらい、定番中の定番調味料ですね。ちょっと味を濃くしたいときや素材のもち味を活かしたいときに活躍します。

一般的なレシピ本では、しょうゆといったら「濃口しょうゆ」をさします。香り高いぶん、肉や魚のクセを取ってくれて、日本人が大好きな白いごはんのお供になる、甘辛い料理には相性抜群です。

また、「薄口しょうゆ」も欠かせません。茶わん蒸しやお吸い物、かぶやだいこんなど色をつけたくない料理に使います。ただ、**色は薄くても、濃口しょうゆよりも塩分が高いので入れすぎには注意**しましょう。薄口しょうゆの色が薄いのは、高濃度の食塩で発酵、熟成を抑え、醸造期間を短くしているからです。

こしょう

すでにけずられたこしょうではなく、実のままパッケージされてガリガリとけずり出すタイプがよいでしょう。香りが全然違います。

黒こしょうは、赤い肉(牛・羊)に使います。香りが強く、臭み消しに最適です。白こしょうはマイルドなので、淡泊な風味を消さないために、白い肉(鶏・豚・白身魚)に使います。また、だいこんやかぶ、クリームシチューなど、白い料理は繊細な味のものが多いので、白こしょうを使います。

酢

酢の物やドレッシングはもちろんですが、下味をつけるとき、保存をきかせたいときに活躍します。

酢は大きく分けて2種類。米酢と穀物酢があります。和食には米だけで作ったコクのある「米酢」が使われます。「穀物酢」は麦やとうもろこしなどが原料でさっぱりしており、いろいろな料理に幅広く使えます。黒酢は原料（メーカーで異なる）を長期熟成するので黒色になり、まろやかな酸味が特徴です。和洋中どんな料理にも合います。好みの酢をセレクトしましょう。

酒

煮物や汁物に加えると、奥ゆきのある上品な味になります。また、肉や魚の臭みも取ってくれます。

しかし一般的に売られている料理酒は、調理に使いやすいようにうまみ調味料や塩などがブレンドされています。じつはこれが味のバランスを崩す原因になります。**料理酒ではなく、飲料用の清酒がおすすめ**です。使いきれない場合は、ワンカップタイプのお酒を詰めかえて使いましょう。

みそ

みそ汁や田楽、みそ漬けはもちろん、下味をつけるとき、マリネを作るときに活躍します。

とにかく種類が多いので、違いがわからず何となく買っている人も多いのでは？　みそは、ゆでた大豆に麹《こうじ》と塩を加えて発酵させたもの。大きく分けると、米麹を使った「米みそ」、麦麹を使った「麦みそ」、大豆に直接麹菌をつけた「豆みそ」の3種類です。米みそがいちばんポピュラーで生産量の8割を占めます。

またそれぞれに、「赤みそ」「白みそ」「淡色みそ」といった色の違いがあります。発酵期間が長いと、赤くなり塩分が増してコクが出ます。短い場合は白く、麹の甘みが残ります。赤と白の中間として信州みそに代表される「淡色みそ」があります。

料理を、淡くしたいか、濃くしたいか。甘くしたいか、辛くしたいかなど、**仕上げたいイメージによって選びましょう。**

●本みりん

みりんは料理にコクとスッキリとした甘みを出してくれます。酒と砂糖を混ぜたような、自然な甘味とうまみが特徴です。煮物や炒め物の仕上げに使うと、バランスの整った味になります。

みりんは蒸したもち米、米麴、アルコールを熟成させて作られます。なかには、水あめやうまみ調味料などを混ぜて作られる「みりん風調味料」という商品がありますが、アルコールをほとんど含まないので、**本みりんと同じ仕上がりにはなりません。**できれば、本みりんを選んでください。

太白ごま油

太白ごま油は一般的な茶色のごま油と違い、焙煎《ばいせん》せずに生のまま圧搾しています。ほぼ透明でごま独特の香りがしないのが特徴です。

中華料理はもちろん、和食、洋食、菓子作りにも活躍します。バターに負けない風味と低カロリーが魅力で、ホットケーキを焼くときのオイルやパン生地作りにも適しているんですよ。

エキストラヴァージン オリーブオイル

洋食のイメージが強いオリーブオイルですが、**じつはしょうゆと相性抜群**です。冷や奴や刺身、酢の物、肉じゃが、塩焼きの魚、肉、そばつゆ、ひじきの煮つけなど、いつもとひと味変えたいときは、ぜひオリーブオイルをかけてみてください。絶品料理に早変わりします。エキストラヴァージンは、一番しぼりのこと。香り高いので料理にスペシャル感が出ますよ。

●ハーブソルト

レストラン風の味に仕上がります。洋食はもちろん、**和食全般にも使えます。**「クレイジーソルト」や「マジックソルト」が有名です。

ハーブソルトで握ったおにぎりは格別で、たまご焼きも、浅漬けも、塩焼きそばもいつもとは違うおいしさに仕上がります。もちろん魚の塩焼きの、塩の代わりにも重宝しますよ。

●アメリカ産のマヨネーズ

アメリカ産のマヨネーズは、酸味がなくまろやかな口あたりが特徴です。アメリカはいも文化なので、それに合うようバターのようにマイルドな味になっているのです。ですから、マヨネーズをよく使うポテトサラダ、えびマヨ、ドレッシングとは抜群の相性です。私はベストフーズ社の「リアルマヨネーズ」を愛用しています。

一方、日本のマヨネーズは、お好み焼きなど甘辛いものと合うように酸味が強くなっているので、入れすぎには注意しましょう。

調味料があまってしまうときは

便利そうだと思って買ったけれど、結局使わない調味料。おみやげでもらった変わり種の調味料。なかなか減ってくれない調味料はありませんか？　そんなときは、その調味料をメインに使った献立を考えてみましょう。

たとえばそれが豆板醤なら、インターネットで「豆板醤　レシピ」と検索すればレシピがズラッと出てくるはず。新たな献立が誕生するきっかけにもなります。

また、賞味期限がきれている調味料も多いはず。思いきって処分してしまいましょう。1回整理すると、あまり使わない調味料や、使いこなせない調味料の傾向がわかり、買い物の失敗が少なくなりますよ。

調理道具のルール

調理道具は、「覚えておける」ものだけにする。

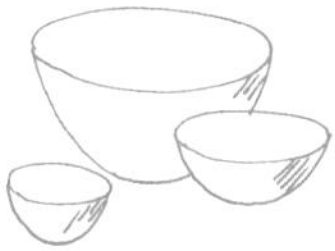

本当に必要な道具は
シンプルなものばかりです。

調理道具のルール。それは、シンプルでよく使うものだけを手もとに残すこと。つまり、自分が覚えておけるだけのアイテムにしぼることです。実物を見なければ思い出せない道具。それは**あなたに必要のない証拠**です。

私も以前は、かわいいものや流行の調理道具をたくさん集めていました。気づくと収納がパンパンになり、どれも使わないものばかり。アボカドカッターやにんにくみじん切り器など、たくさんの失敗を重ねてきたのも事実です。

そんな私が自信をもっておすすめする道具たちを紹介しましょう。もちろん、自分には必要ないと感じたものは無理にそろえる必要はありません。

① 包丁

1本8000円～10000円の、重みのある包丁を買いましょう。2000円で切れ味の悪い包丁を5本買うよりも、高いものを1本買うほうが断然得です。軽い包丁は避けます。力が入りすぎて危ないからです。

また、**ペティナイフがあると便利**です。にんにくやトマトなどの小さいものや、ヘタを取ったり、くり抜いたりするときに重宝します。

② ボウル

一生使えるくらい質のよい厚手のボウルを、大・中・小とセットでそろえます。安物は素材がはがれて金属の味がしてしまうからです。ガラス製、もしくはステンレス製がよいでしょう。

③ フライパンと鍋

フライパンは直径26センチのタイプがおすすめ。大きくふっても、食材がこぼれないからです。また、チャーハン、ステーキ、炒め物、パスタなど、何を作るにもぴったりのサイズ感です。フッ素樹脂加工だと焦げつきにくく汚れも簡単に落ちます。

鍋はゴシゴシ洗えるステンレス製。熱効率のよい多層構造がおす

すめです。大きめと小ぶりの2サイズあると便利です。

④ゴムべら（耐熱性スパチュラ）

耐熱性のゴムべらは、混ぜるだけでなく、炒め物や煮込み料理にも使えます。焦げやすい鍋の底、脇、細部まで行き届きますし、最後までキュッとぬぐい取ることができます。**柄の部分がゴムべらと一体になっているタイプが衛生的でおすすめ。**

⑤横口レードル・大小

ソースをかけたり、すくってお椀に入れたりするので、**片端がとがった横口タイプがおすすめ。**

丸いタイプは鍋や大皿料理を取り分けるときには便利ですが、調理の際は鍋の端まで行き届きにくく、扱いづらいです。

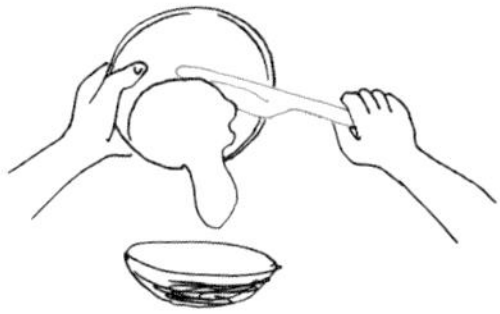

⑥皮むき器

Ｐ73でもお話ししたとおり、皮むき以外にもさまざまな使い方ができます。５００円前後から優秀な商品が存在します。安すぎると、切れ味が悪いので要注意です。

⑦大きなまな板とシート状まな板

省スペースのために小さいサイズを買う人がいますが、横幅が40センチくらいある大きめのまな板がよいでしょう。小さいサイズは、食材を切って端に寄せた際に収まりきらず、食材が床に落ちることがあるからです。

シート状まな板は、ちょっとしたものや、肉や魚を切る際に便利です。

⑧長さが同じで同系色の菜箸

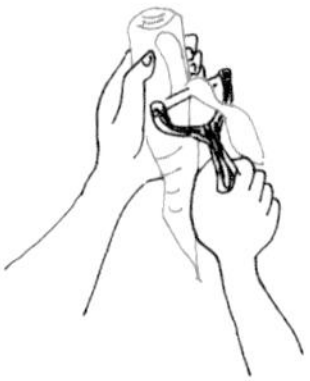

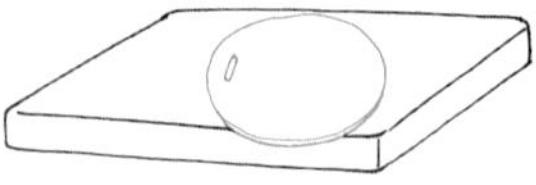

色やサイズがバラバラだと、ペアどうしを選び出すのに時間がかかります。同じ色、同じ長さでそろえることをおすすめします。

⑨ トング・大小

肉を焼く際によく使うトングは、たまごをゆでるときや、食卓でサラダなどを取り分けるときにも大活躍。大・小、ひとつずつあると便利です。

⑩ 大小一体型　計量スプーン

計量スプーンは、引き出しのなかでばらつきがち。一体型だと一発で見つけられます。私が愛用しているのは「おおさじこさじ」という名の木製計量スプーン。砂糖、塩、粉などの各ストックケースにひとつずつ入れておくと調理もスムーズです。

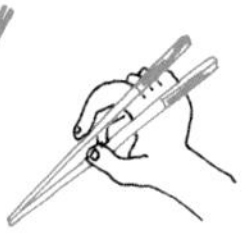

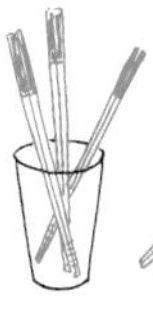

⑪ 耐熱ガラスの計量カップ

安物のプラスチック製計量カップは、とにかく熱に弱いのが難点。すぐにヒビが入ってしまい、そこからもれたり雑菌が発生したりと不衛生です。ガラス製は割れる心配がありますが、頑丈なのでちょっとやそっとでは割れません。湯せんにかけたり電子レンジにも入れられたりして、大変重宝します。

⑫ 2キロまで計量できるデジタルのはかり

料理は調理自体はおおざっぱでも、味見をしっかりすればおいしくできます。しかし、お菓子やパンの目分量はNGです。数グラムの誤差でも味や仕上がりに違いが出ます。粉を大量に使うので、2キロまで計量できるものがおすすめです。

⑬ 台所用はさみ

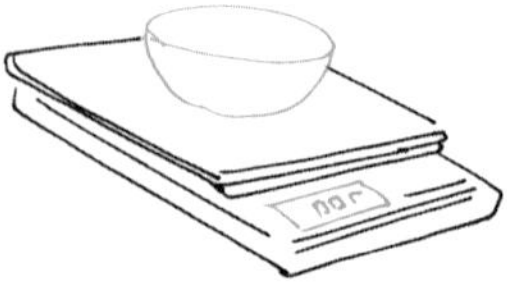

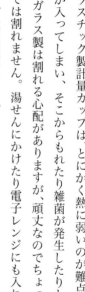

葉野菜をカットする際、包丁は使いません（P71参照）。はさみで切ります。そのほか、きのこの石突《いしづき》を取るとき、焼きたてのピザをカットするとき、肉を切り分けるとき……。はさみに頼りっぱなしです。1日20回は使用します。

⑭ 万能スライサー

P72でもご紹介したスライサーは、野菜を千切り、薄切り、みじん切り、どんな形にもカットしてくれて、時短にもってこいのアイテムです。とくに愛用するドイツ製スライサーは、厚さが調節できておすすめ。一体型なので場所も取りません。友人へ贈る結婚祝いの定番です。

⑮ 缶切りと栓抜きの一体型

日本の缶詰はすべてプルタブ式なので素手で開けられますが、海

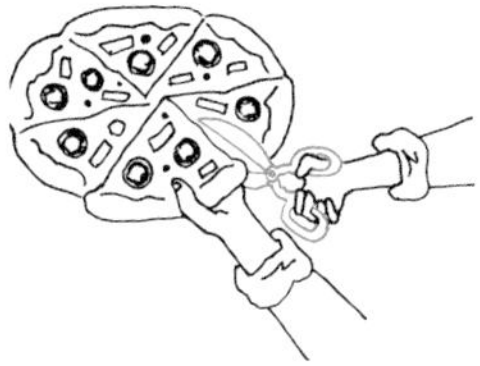

外の缶詰にはほとんどついていません。缶切りは必須アイテムです。瓶類を開ける栓抜き、ワインを開けるコルク抜き、すべてが一体となっている商品が便利です。

⑯ フードプロセッサー

所有しているのに使っていないという人、多いのです。まずは調理を始めると同時に、台所に出しましょう。刻んだり、こねたり、すったり、大変な作業も1台でラクになります（P72参照）。値段はピンキリですが、プッシュするだけのシンプルなもので問題ありません。

いかがでしたか？ すでに自宅にあるものばかりではありませんか？ 使えないと判断した道具は捨てましょう。

今日から台所には、自信をもっておすすめできる、スター選手だけを残してくださいね。

付録

仕込み＆栄養満点レシピ

RECIPE

自分をラクにする
仕込みレシピ

「食材を仕込んでおく」と聞くと、時間に余裕のある料理上手な人の台詞《せりふ》に聞こえますね。ただでさえ忙しいのに、事前に仕込むなんて考えられない！ と思うかもしれませんが、それは逆です。

ほんの少し先回りしておくことで、毎日の調理の時間が短縮できる。つまり、仕込みとは、未来の自分をラクにしてくれる術《すべ》なのです。

想像してみてください。急いで帰ってきて台所に立つと、すでに玉ねぎがみじん切りになっている。野菜がゆでられている、肉が焼くだけになっている。感激しませんか？ それに、塩などに漬けておくことで保存性が高まり、長期間おいしく食べられるようになります。

一度、だまされたと思って事前に仕込んでみましょう。忙しい人、ズボラな人にこそオススメです。今日からできるかんたん仕込みレシピを紹介します。

※少々……親指と人さし指でつまんだ量
ひとつまみ…親指と人さし指、中指でつまんだ量

ちょっとした具材として重宝する
塩もみ野菜

こんなときに

たくさん野菜を摂りたいとき。冷蔵庫のカサを減らしたいとき。保存をきかせたいとき。

材料

・キャベツや白菜が定番だが、きゅうり、にんじん、小松菜、だいこん、セロリ、かぶ、みょうが、玉ねぎ、どんな野菜でもOK
・塩（野菜の分量の1〜3%。100グラムの場合は1〜3グラム）
※トマトなど、もんだらつぶれる野菜は避ける。

作り方

❶野菜に塩をふって軽くもみ、フリーザーバッグに入れて空気を抜く。
❷重しをのせて冷蔵庫に入れる。一晩おくと食べごろになる。
※食べるときや、ほかの調理に使うときはしっかりと水気を切る。
※味見して、塩が足りなければ加えて、辛ければ洗い流す。

保存

冷蔵庫で3〜5日間、保存可能
※塩の量によって異なる

こんなレシピに

そのまま浅漬け風として食べられるが、和え物としても重宝する。
その他、サラダや酢の物、炒め物、おにぎりの具など、何にでも使える。

豚肉のかたまりを買ったときに

塩漬け豚

こんなときに

豚肉のかたまりを買ったけれど、冷凍庫がいっぱい。でも3日以上、日もちさせたいとき。

材料

・ロースや肩ロース、ばら肉など、脂身がある豚肉がおすすめ
・塩（肉の重量の8％。100グラムの場合は8グラム）

作り方

❶フリーザーバッグに肉と塩を入れて、冷蔵庫で保存。2日で、食べごろに。
❷使うときは好みの大きさにカットし、塩を洗い流してから調理する。

保存

冷蔵庫で約1週間、保存可能。

こんなレシピに

そのまま焼いたり、ゆでたりして食べてもOK。
サラダ、和え物、冷麺・冷やし中華のトッピングに。チャーシューのように使える。

あまった肉を使いきりたいときは

残り物肉のマリネ

こんなときに

少しだけ肉や魚があまったときに。

材料

・あまった肉や魚
・しょうゆ　適量　・酒　適量（みりんでも可）
・塩　少々（みそでも可）
・その他、薬味など

作り方

●牛肉や魚の場合

しょうゆと酒（洋風＝赤ワイン、中華＝紹興《しょうこう》酒《しゅ》）をかけて、冷蔵庫で保存。

●豚肉や白身魚、鶏肉の場合

塩と酒（洋風＝白ワイン、中華＝紹興酒）をかけて、冷蔵庫で保存。

※塩と酒を表面にふっておくと、翌日もおいしく食べられる。塩は保存性を高め、アルコールのたんぱく質分解酵素で肉や魚をやわらかくする効果も。

保存

ラップフィルムにくるみ、冷蔵庫で2〜3日間、保存可能。

こんなレシピに

玉ねぎを加えるとそのまま炒め物に使える。こしょうや唐辛子、カレー粉、クミンなどのスパイスを加えるとエキゾチックな味に。酸味が欲しければ米酢、ワインビネガーを。しょうがやにんにくを足しても食欲をそそる味つけになる。

ゆで時間を前倒し！

肉をゆでておく

こんなときに

調理時間を短縮したいときに。

材料

・肉のかたまり（牛すじやすね肉、豚、鶏むね肉、骨つきもも肉など）
・塩　適量
・お好みの香味野菜（にんにく、ねぎ、しょうがなど）
・水

※豚ならロースや肩ロース、ばら肉など脂身がある肉がおすすめ。

作り方

❶肉の表面に塩をふり、軽くもむ。
❷鍋に❶と香味野菜を入れて、肉が隠れるくらい水を入れる。
❸弱火でじっくり煮込む。火がとおったら、粗熱が取れるまで放置したらできあがり。

※鶏むね肉の場合、途中で火を止めて余熱で火をとおすと、固くならない。

保存

冷蔵庫で3～4日間、保存可能。汁につけたままでもOK。
冷凍する際は肉と汁を分け、それぞれ3週間～1か月間、保存可能。

こんなレシピに

スライスしてそのまま食べてもおいしい。サラダやサンドウィッチ、パスタ、チャーハンなど。
汁はスープやぞうすいにしても。

1個も5個も手間は同じ！

野菜をゆでておく

こんなときに

毎日の野菜のゆで時間を短縮したいときに。

材料

・ゆでておきたい野菜（じゃがいも、にんじん、かぼちゃ、ブロッコリー、ほうれんそう、小松菜など）

・水　・塩

※緑色の野菜は、水の量に対して塩を1・5％（1リットルの場合、15グラム）。その他の野菜は、水の量に対して塩は1％（1リットルの場合、10グラム）。

作り方

●**緑色の野菜の場合**

鍋に水と塩を入れて、沸騰させてからゆでる。

●**その他の野菜**

鍋に水、塩、野菜を入れて、水からゆでる。

※じゃがいもは皮つきでゆでると、ホクホクに仕上がり、栄養もうまみも逃げない。

※葉野菜、ブロッコリーは固めにゆでて冷水にひたす。

※ほうれんそう、小松菜は巻きすで巻いて水を切り、そのままラップフィルムへ移し保存しておくと、形が整ってきれい。そのままカットしておひたしになどに。

保存

冷蔵庫で3日間、冷凍庫で2週間、保存可能。じゃがいものみ冷凍不可（マッシュポテトはOK）。

こんなレシピに

じゃがいもは、ポテトサラダ、ポテトコロッケ、マッシュポテトなど。

にんじんは、サラダや炒め物、ポタージュなど。

ブロッコリーは、ソテーやディップサラダ、冷凍のままお弁当に入れることもできる。

切っておくと気がラク！

玉ねぎをみじん切りにして冷凍する

こんなときに

調理時間を短縮したいときに。

※凍ったままフライパンに入れて火にかけると、あっという間にまわりから溶けて、水分が出るスピードも早い。

材料

・玉ねぎ

作り方

❶玉ねぎをみじん切りにする。

❷フリーザーバッグに入れて空気を抜き、冷凍庫に入れる。

保存

冷凍庫で2週間、保存可能

こんなレシピに

ふだんの料理にはもちろん、煮込み料理やポタージュ、オニオングラタンスープなど、玉ねぎの甘みを利用したいときに重宝する。あめ色玉ねぎを作る場合も1／3の時間短縮になる。

野菜をたくさん摂りたいときは
野菜ペースト

こんなときに
野菜不足のとき。野菜のカサを減らしたいとき。コクや自然な甘みが欲しいとき。

材料
・玉ねぎ　1個半
・にんじん　1本
・セロリ　半本
・塩　ひとつまみ　・サラダ油　適量

作り方
❶玉ねぎ、にんじん、セロリをみじん切りにする。
❷フライパンにサラダ油をひき、❶を入れて軽く塩をふって弱火で炒める。
❸1／3の量になるまで炒めたら、できあがり。フリーザーバッグに入れて空気を抜き、冷凍庫で保存する。

保存
冷凍庫で2週間、保存可能。

こんなレシピに
ハンバーグ、煮込み料理、パスタソース、チャーハン、オムライス、コロッケなどに加える。

忙しくても体がよろこぶおかずを作りたい！

栄養満点レシピ

毎日の食生活で、野菜を積極的に摂ることは心がけていると思います。けれど、ごまや海藻、きのこなどまでは手がまわらないこと、多くありませんか？　そんなときは「まごわやさしい」を意識してメニューを考えてみましょう。

「まごわやさしい」とは、1日に一度は食べるべき食材の頭文字で、健康的な食生活を送るために、取り入れたい食事の考え方です。

ま：まめ　豆製品……大豆、小豆、みそ、豆腐など。

ご：ごま　種実類……ごま、ナッツなど。

わ：わかめ　海藻類……わかめ、ひじき、のりなど。

や：やさい　野菜類……葉野菜、根菜など。できれば赤・緑・白の野菜。

さ：さかな　魚類……切り身のほか、小魚や貝類など丸ごと食べられるもの。

し…しいたけ　きのこ類……しいたけ、えのきたけ、マッシュルームなど。

い…いも　いも類……じゃがいも、さといも、かぼちゃなど。

たとえば、わかめをみそ汁に加えたり、じゃこやシラスをごはんにのせたり、ナッツをサラダに加えたりと、毎日の食事に少しプラスするだけ。

「1日〇グラム摂取すべし」などの決まりごとはないので、気軽に続けられます。

また、「まごわやさしい」の食材は、ビタミン、食物繊維、カルシウムやマグネシウム、たんぱく質、といった栄養をバランスよく含むものばかり。生活習慣病予防、アンチエイジング、抗酸化、疲労回復などの効果があるといわれています。

いつものメニューにちょっと加えてみるところから始めてみましょう。

次ページで、「まごわやさしい」を取り入れたかんたんレシピを紹介します。

野菜も魚もたっぷり食べられる

サーモンの白みそグラタン〈2人前〉

いつものグラタンに白みそを加えるとコクのある味わいに。じゃがいも入りなのでボリューム満点に仕上がります。

材料

・サーモン　2切れ　さ
・玉ねぎ　1／2個　や
・じゃがいも　大1個　い
・牛乳　2カップ
・白みそ　大さじ1　ま
・小麦粉　大さじ1
・いりごま　小さじ2　ご
・パセリ　1本
・チーズ　適量
・酒、塩、こしょう　適量
・オリーブオイル　適量

下準備

●玉ねぎは薄切り。パセリはみじん切りにしておく。
●サーモンは一口大に切って、酒、塩、こしょうで下味をつけておく。
●じゃがいもは1センチの厚さに切って水にさらし、ラップフィルムをかけて電子レンジで3分ほど加熱しておく。

作り方

❶フライパンにオリーブオイルを熱し玉ねぎを炒め、あめ色になってきたら小麦粉を少しずつ加えていく。
❷牛乳と白みそを❶に加えて、弱火でよく混ぜながら煮る。塩、こしょうで味を調える。
❸耐熱皿にサーモンとじゃがいもを交互に並べ、❷のソースをまんべんなくかけチーズをちらし、220度のオーブンで20分程度焼いたらできあがり。仕上げにいりごまとパセリで香りと彩りを添える。

サッと作れるかんたん副菜

シーフード チヂミ 〈2人前〉

時間がたっても、ホイルに包んでオーブントースターで温めればおいしくいただけます。時差あり食卓にも便利な1品です。

材料

・市販の冷凍シーフードミックス　100グラム　さ
・にんじん　1／4本　や
・ねぎ　1／3本　や
・玉ねぎ　1／4個　や

A
小麦粉　50グラム
たまご　1／2個
水　60ミリリットル
すりごま　大さじ1／2　ご
塩　ひとつまみ
ごま油　小さじ1

・サラダ油　適量

下準備

● シーフードミックスは冷蔵庫で自然解凍しておく。
● にんじんは皮をむいて千切り。ねぎは粗みじん切り。玉ねぎは薄切りにしておく。
● Aをボウルに入れて混ぜておく。

作り方

❶ 切った野菜とシーフードミックスをAに加えて混ぜる。
❷ フライパンにサラダ油を熱し、❶を流し入れて両面がカリッとするまで焼く。
❸ はさみで一口大に切って器に盛ったらできあがり。お好みで酢醤油をつけていただく。

あとがき

この本の原本が発売された２０１５年。

おかげさまで13万部（今現在）も読んでいただけて学生さんや新米主婦、台所しごとが昔流だったり、すっかり自分流になってしまったご高齢の方や男性までも、たくさんの方から「台所しごとに立つのが楽しくなった」と嬉しいお声が続々と届きました。

この度、素敵なご縁に恵まれて、文庫本に生まれ変わった「考えない台所」。編集してくださった松田さんはじめ、サンクチュアリ出版と祥伝社の方々、この本に携わってくださった皆様に心から感謝いたします。

やる気がなくなったり、台所の交通整理ができなくなってしまったら、またこの本をちょこっと読み返していただきたい。きっと心も行動もアップデートできるでしょう。

ただ、「全部を完璧にこなそう」と決して頑張りすぎないで。
心と体が悲鳴をあげたら、お休みする日があったっていいんです。
だって、人間だもの。（by 相田みつを）
ご家族や、ご友人、そしてこの本を書いている私も、一番望んでいることは
あなたが笑顔でいること。

きっと時代はどんどん進化して、数年後、数十年後には台所しごとの一部はＡＩで
こなせるようになるかと思います。調理器具も進化して、グッと楽になることでしょう。
ただしどんな時代を経ても、料理の、人生の、一番の調味料があなたの笑顔という
ことを忘れないでいてください。

あなたが永遠に、笑顔で台所に立ち続けられますように……

２０２０年３月　高木ゑみ

祥伝社黄金文庫

考《かんが》えない台所《だいどころ》

令和2年3月20日　初版第1刷発行

著　者　高《たか》木《ぎ》えみ
発行者　辻 浩明
発行所　祥伝社《しょうでんしゃ》
〒101－8701
東京都千代田区神田神保町3－3
電話　03（3265）2084（編集部）
電話　03（3265）2081（販売部）
電話　03（3265）3622（業務部）
www.shodensha.co.jp
印刷所　萩原印刷
製本所　ナショナル製本
DTP　J-ART
イラスト　須山奈津希
デザイン　井上新八
エグゼクティブプロデューサー　谷口元一（株式会社ケイダッシュ）

本書は2015年6月、サンクチュアリ出版より刊行された『考えない台所』を文庫化したものです。

　ISBN978-4-396-31779-9 C0195